„..Der Geist nun gibt sich nicht mit dem irdischen Lichte zufrieden.
Er dringt immer vorwärts, durch das Firmament, durch den Himmel, bis er hingelangt zu dem Geiste, der den Himmel umtreibt.
Aber auch damit gibt sich der Geist nicht zufrieden; er dringt noch weiter bis in den Urquell, aus dem er seinen Ursprung genommen.
Da erlernt der Geist jenseits aller Zahl - denn Zahl gibt es nur in der Welt der Zeit und der Unvollkommenheit.
Tritt der Geist also hinaus über alle Zahl und dringt er durch alle Vielheit hindurch, dann wird er von Gott durchdrungen.
Gott leitet diesen Geist in seine Leere und Einsamkeit, in seine eigene E i n h e i t, wo er ein schlechthin Einiges ist und nur in sich selber lebt und quillt.
Da hat der Geist kein „Warum mehr", da strebt er in der E i n - h e i t - und in der F r e i h e i t."
(Meister Eckehart – Christlicher Mystiker 14.Jahrhundert)

Quantenkabbalistik

Neue Aspekte der Quantenheilung mit kabbalistischen Symbolen

© 2012 Englert Axel - Originalausgabe

3. Auflage 2016

Herstellung und Verlag:

BoD - Books on Demand, Norderstedt

Umschlaggestaltung/Fotos:

„Crissan – Collection"– Christine Köpke
und Eva-Maria Shire
(mit freundlicher Genehmigung!)

Cover: BOD GmbH, Norderstedt

ISBN: 9783732234011

Dieses Werk einschließlich aller Teile ist urheberrechtlich geschützt.
Jede Verwertung außerhalb der Grenzen des Urheberrechts ist ohne Zustimmung des Autors unzulässig und strafbar.
Das gilt insbesondere für Vervielfältigungen, Übersetzungen, Mikroverfilmungen und die Einspeicherung und Verarbeitung in elektronischen Systemen.

Inhaltsangabe

Wie Gott sich fand!	5
Der Schlüssel zur Seele Kabbala und Tarot	14
Das Prinzip der Synchronizität (Entsprechung)	**17**
A. Gott ist ein „All-Umfassendes" Prinzip	19
B. Grundlagen einer symboltherapeutischen Arbeit	23
Kabbalistische Quantenheilung	28
Das Hermetische Weltbild	29
Heilungsarbeit und Wunder	31
Quantentherapie mit Kabbalistischen Symbolen	34
Die Geistheilungssymbole der Kabbalistik	39
Die Tarotpsychotherapie	42
Die Heldenreise in den Tarotkarten	52

Quantentherapeutisches Arbeiten mit „offenen Karten" 58

Anwendungsschritte in der Tarot -Quantentherapie 60
Die Arbeit mit den vier kabbalistischen Grundmotiven 64
Arbeit mit den kabbalistischen Einzelzahlen 66

Typenkurzbeschreibung für Einführungsgespräche 72

Praktische kabbalistische Heilungsarbeit 81

Anwendung in Beispielen 83

Die Symbolkabbala 101

Beschreibung der Sephira 104
Pentagramm und „Goldener Schnitt" 108
Die Quantenpentagrammgraphiken 112
Schlüsselwörter/Affirmationen der Quantenheilung 114
Kabbalistische Quantenebenen 142
Quantenoppositionen 152
Erzengelkräfte und ihre Quantensymbole 170
Quantenkabbalistische Einschwingungspraxis 184

Abschließende Betrachtung über Symbole 192

Die Suche nach dem Großen Geist 117

Literaturverzeichnis: 202
Der Autor 203
Bücherauswahl des Autors 204

Wie Gott sich fand!

Das Tagebuch seines Schöpfungsmythos

Ich bin das Licht, das über allem ist.

Ich bin das All, das All ist aus mir hervorgegangen

Und das All ist zu mir gelangt.

(Thomasevangelium)

Der Mensch schlief sehr tief und ruhig!

Der Traum war sehr klar, deshalb war auch das Bild sehr intensiv und tief in seinen Gefühlen war:

Er fiel aus einem großen Buch – Das Fallen war nicht unangenehm.

Jetzt saß der Mensch da und sah auf dieses Buch, das da schwebend in der grandiosen geheimnisvollen Finsternis vor ihm goldgelb aufleuchtete.

Der Mensch überlegte, Warum, Wieso? – Was sollte das Ganze – Das Buch erschien ihm begrenzt und doch ahnte er die unendliche Fülle der Kapitel, die ihn förmlich überwältigten.

Große Ehrfurcht überkam den Mensch, als er ahnte, dass er an der Schöpfung dieses Buches nicht ganz unbeteiligt war- oder dass er der Schöpfer dieses Buches womöglich selbst war. Voller Staunen und Ehrfurcht schlug er das Buch auf:

Vor sich sah er ein riesiges Meer, oder vielmehr:

Er war selbst das Meer. Unendlich in seiner Ausdehnung sah er sich selbst daliegen.

Genauso unendlich war seine Empfindung in dieser majestätischen Ruhe.

Unendlich riesig spürte er sich in seiner Fülle, unendlich schwanger in seinen Möglichkeiten.

Er registrierte, dass er sich nur geistig bewegen brauchte, um das ungeheure Potential seiner Möglichkeiten zu erschaffen.

Leuchtend lag über allem eine unendliche kreisförmige „Null".

Er sah in seiner Innenschau darin den Inhalt seiner unendlichen potentiellen Möglichkeiten.

Langsam begann er sich zu rühren und zu erregen.

Zu seinem Erstaunen entstanden die vielen „Etwas", was er als Wellenformen benannte. Diese Formen kamen ihm vor wie viele Einsen, jede für sich eine noch konturlose Eins.

Es fiel ihm wie Schuppen von den Augen:

Er selbst war das Meer, das sich zunächst nicht in einer Form darzustellen vermochte. Es konnte sich aber als Welle manifestieren und darstellen in der Eins, allein durch seine Absicht der Erregung.

Er war die Null (das Meer), die sich in der Eins (die Welle) darstellt.
Ohne die Eins war er „N- ICH-T"- nicht „ICH".
Mit und aus der Eins (Einheit!) war er sein eigenes „L-ICH-T", das sich in seiner unendlichen Weite und Größe erkennen könnende.

Langsam erahnte der Mensch das Ungeheuerliche und tief sitzende Erinnerungen stiegen in ihm hoch.

Der „Mensch" und das Meer waren eins:

Irgendwo setzte sich das Ganze in seinem Hinterkopf zusammen:

Der aus dem Beginn der Zeit kam, als es noch keine Zeit gab.
Wie war das möglich?

Gleichzeitig hörte er im Hintergrund die Worte:

„In bin die Einheit in der Zweiheit –
Ich bin das Herz des Universums"!

„Erkenne wie kraftvoll das Universum, das Licht in dir gleich einem riesigen Herzen schlägt und dein eigenes mit in Resonanz damit geht.

Gestatte dir diese Entfaltung deiner Gefühle, die aus meiner Erregung kommen.

Verstehe, dass es deine Aufgabe ist, das Eine, Allumfassende in dir, in der Begrenztheit der Materie bewusst werden zu lassen, um ein neuer Ausdruck meines Seins zu werden!
Erhebe dich über die Beengtheit deines polar orientierten Lebens durch die Empfindung dieses All- Eins - Seins um ein neuer Mensch zu werden.
Kehre wieder zurück in die Einfachheit deines Seins, in die Einheit all der Herzen des Universums, in sein allumfassendes Herz, in das Herz, des Kosmos, des Lichtes, das du bist.

Spürst Du den Paulus in Dir?

Als einer, der bereit ist einverstanden zu sein, und der bereit ist alles Leben zu akzeptieren und anzunehmen?

Spürst Du die Verbindung mit diesem höchsten Bewusstsein. Spürst du, dass du ein Teil des Ganzen bist?".

Tief ergriffen ließ der Mensch diese Worte in sich erklingen, als er die nächste Seite aufschlug.

Das Bild wechselte.

Der Mensch saß inmitten einer wundervollen Landschaft am Ufer eines kristallblauen klaren Sees. Ergriffen schaute er auf das klare Wasser, die umgebende Landschaft spiegelnd. Er sah wie in einen Spiegel und sah mir selber ins Gesicht.
Je länger er schaute, desto größer wurden Achtung, Liebe und Respekt vor der Einmaligkeit seines Wesens.
Langsam, in einem zärtlichen Nebel verschwanden die Konturen und machten vielen anderen Gesichtern und Formen Platz.
Er hatte das Gefühl, dass ich mich in allen Formen irgendwie immer erkannte.

Heureka! Das war es! Der Spiegel machte es ihm möglich eine Wahl zu treffen. Er konnte wählen, welches „Ich Bin" er sein und erleben bzw. erfahren wollte.

Er konnte sich zudem unterscheiden, um zu erkennen wer er in seinem „Ich bin..." sein wollte.

Eine leuchtende Zwei gab dieser Szene in diesem Spiegelhintergrund einen mystischen Anstrich.

Sie schien zu ihm zu sprechen:

„Zwei, Dualität, Unterscheidung, Zweiheit, Zwietracht – Wähle! - Aber - erkenne, dass du stets das Eine mit vielen Gesichtern bist, das sich nur im Unterschied erkennen und erfahren kann.
Du bist, der Du bist, in Allem was ist".

Er wählte!

Das Gesicht des Mensch, der aus dem Anbeginn der Zeit kam, stand leuchtend im Spiegel umrahmt von einer gelb leuchtenden Drei.

ER selbst war seine Idee, ein Impuls, ein Blitz, der ihn durchzuckte, wie er sein „Ich- Bin" plante zu erschaffen und zu sehen. Es war wie die eine aus der Leere geformte und verdichtete Zusammenfassung aller meiner gesehenen Vorstellungsbilder. Gott ist in ihm und er ist Gott!

Plötzlich schaute er in die Welt, die sich vor ihm auftat. Er sah sich in der „Selbst-Verwirklichung" seiner Idee, im Erschaffen seiner eigenen Welt.

In all seinem Handeln sah er den Versuch diese Welt der Idee seines Wesens, die aus dem All-Umfassenden geformt war mehr und mehr anzupassen, zu strukturieren und zu ordnen. Er begriff, dass er hier dabei war der „Drei", seiner geschauten Idee einen materiellen Rahmen zu verleihen, sein innerstes Wesen im Außen zu spiegeln.

Ständig wechselte dabei beim Blättern der Seiten eine leuchtende Vier, mit der Fünf, der Sechs, der Sieben und der Acht und er schaute verwundert auf diese innere Erkenntnis, die sich vor seinem geistigen Traumauge abspielte.

Die Vier, der Rahmen seiner Bühne und seines Handelns wurde ergänzt durch die stete Neustrukturierung seiner gemachten Erfahrungen, die dabei über die leuchtende Fünf einflossen und über das Symbol der Sechs initiiert und aktiv gestaltet wurden.

In der leuchtenden Sieben des Hintergrundes fühlte er seinen Stolz über das geschaffene Werk, als Ausdruck seines Inneren.

Er fühlte, dass sein Werk gut war, trotz aller Schmerzen, Leid und Freude.

Alles angebliche Versagen, Scheitern, Falsche diente der „Fünf".

Sie berichtet letztendlich nur vom entfaltungsfreudigen Experimentieren, einer Evolution der gemachten und empfundenen Erfahrungen um der quicklebendigste Ausdruck meiner Schöpferkraft zu sein.
Alles, was nicht funktionierte dient und diente letztendlich nur der Qualitätsverbesserung seines Seins um sich in der Form deiner Körperlichkeit „Aus-Druck" zu verleihen.

In der Acht als Schlaufe des Symbols der Verbindung seines Inneren mit dem Außen, fühlte und genoss er die Harmonie und Schönheit, die Anmut der dabei gewonnenen und einfließenden Weisheit in seinen Beziehungen, Situationen und Darstellungen.

Auf der neunten Seite sah er eine riesige sich entfaltende und einrollende Spirale, abwechselnd eintauchen in den Nebel der Auflösung und der Neuwerdung seines Seins, im Werden und Vergehen, im Loslassen und Aufbau der Formen.

Es war, wie der Baum des Lebens, der nach einem guten langen Jahr im Herbst seine Blätter verliert, ganz auf sich gestellt und in sich gekehrt, wohl wissend, dass er im Frühjahr neue Blätter, ein neues Leben, neue Früchte hervorbringen wird.

Über allem leuchtete die Neun ehrfurchtgebietend als Symbol des Inhaltes, das ihn ständig im Werden und Vergehen in neue Formen kleidet und abbildet und in jedem Geschöpf Erfahrungen und Weisheit wachsen lässt.

Und der Mensch hörte die Worte:

„Um dieses Wachstum geht es, deshalb präge dich neu, präge ein neues Vertrauen, präge dir eine neue eigene Sicherheit. Erfülle all das, was früher zu Beginn deines Lebens und in der Zeit danach in dich als Prägung eingebracht worden ist. Erfülle all das mit der Kraft deiner Zuversicht, in deiner Verbindung mit der Göttlichkeit, in deine Verbindung mit der Göttlichkeit ".

Lange betrachtete er auf der sich auftuenden Seite die große violette „Null" als das große Symbol der Heimkehr in das Eine, All-Eins-Sein.

Dann sah er sich auf einem Berg stehen, seine erhobenen Armen der Sonne entgegenstreckend.

Die Stimme sprach weiter:

„Atme es ganz weit ein, deine Verbindung mit der Göttlichkeit.
Ich bin eins mit dir, mit deiner Kraft. Lass es dir bewusst werden, dass du mit der Kraft, mit all diesen Qualitäten in Verbindung stehst. Du bist eins damit, du kannst dich eins mit mir empfinden. Nimm diese Übung als eine Übung deiner Magie!

Sieh die unendliche Kraft aus der von Licht umfluteten Null durch dich strömend. Empfinde sie, empfinde dein Bewusstsein der Kraft und Stärke und des Vertrauens in dir wachsen. Fühle wie dieses Bewusstsein wächst.
Es geht darum, dass du dich noch weiter und tiefer zu öffnen wagst, und dabei dich voll des Vertrauens auf die Göttlichkeit, das All-Umfassende ausrichtest.
Diese Energie berührt dich, und gleich der Berührung mit einem Zauberstab geschieht das Wunder in dir, ein neues Licht erscheint in deinem Bewusstsein. Eine neue Energie strahlt dann in jeder Zelle deines Seins, eine neue Energie erwacht in dir. Ein neues Zeitalter, eine neue Geburt bricht an, in jeder deiner Zellen.

Sieh nun wie du größer wirst, strahlender und strahlender, erfüllt von der Liebe meines Lichtes in Dir und diese nun auch aus-strahlend könnend. Atme nur sanft und behutsam ein, diese Kraft und dieses Eins sein mit dieser Kraft.

Höre auf, dich mit deinen Gedanken zu begrenzen. Sieh, dass die Zeit gekommen ist offen zu sein, für die Liebe des Göttlichen, die dich führt in deinem Leben. Diese Liebe beschenkt, beschützt und behütet.

Wenn du diese Liebe einatmest, diese Liebe als eine Kraft empfindest und die Führung dieser Liebe erkennst und ihr folgst, so führt sie dich durch alle Schwierigkeiten hindurch.
Sie führt dich sicher um alle Schwierigkeiten herum und sie führt dich so sicher, dass du von den Schwierigkeiten gar nichts mehr spürst, gar nichts mehr merkst.

Aufgrund deiner sich verändert habenden Resonanz, der anderen Schwingung deines Seins, deines von Erfahrung, Weisheit, Glaube, Kraft und Zuversicht erfüllten Bewusstseins, kannst du dich in der Ordnung des Seins geborgen empfinden.

Du fühlst, dass du nie etwas falsch machen kannst durch die Gewissheit in dir, dass Gott alle Zeit für dich da ist.

Lass es dir bewusst werden, aus meiner Null, meinem unendlichen Potential der schwangeren Leere, die durch dich kommen will.

Höre die Stimme die in dir spricht:

Siehe ich bin die Kraft. Siehe, ich bin die Stärke. Ich bin die Wahrheit meines Seins:

Fühle das erwachende Vertrauen und erkenne, dass dieses Vertrauen in diese Kraft und Stärke die Basis ist, für dich ein neues erfülltes Leben aufzubauen."

Die Stimme klang noch lange nach, in dem Gefühl in eine gigantische Uhr zu schauen, wo sich die Unruhe zitternd bewegt.

Er war Erregung pur, die sich abbildete auf die äußere Darstellung in dem künstlerisch gestalteten Ziffernblatt seines Schöpfungstagebuches, stets dem Zahlengebilde im Kreislauf eines Zyklus seine angemessene Bedeutung gebend, hervorhebend und im Lauf der Zeiger weiterzugehen in der sich stets neu gebärenden Entfaltung seiner Erfahrung.

Allgemeine Betrachtung

Sünde und Schöpfung!

Gott als Bewusstseinsfeld ist in der Materie bzw. in allem „Er „schaffen", als ein nie endender Prozess!

Wenn sich Gott sprich das allumfassende Bewusstseinsfeld bewegt, um etwas zu erschaffen muss immer auch Zeit entstehen –Sonst gäbe es keinen Prozess seiner Schöpferkraft – Er könnte sich nicht einmal beobachten.

Er wäre das ewige „Ich bin… !" sowie als Analogie das Meer sich auch nicht sehen und erfahren könnte, wenn es als Welle nicht auf sich blicken würde, um über sich zu sagen zu können:

„Wie herrlich ich doch bin!"

Hier stoßen wir auf ein großes (gewolltes) „Pro"- blem" für Gott in dieser Dichotomie!

Da jeder Punkt im Bewusstseinsfeld „Göttlich" ist, also auch die Welle = Erschaffenes absolut göttlich – sämtliche Möglichkeiten beinhaltend. Die Welle kann also in sich hinein blicken um ihre Unbegrenztheit zu erfahren.

Gleichzeitig ist sie in ihren Rahmenbedingungen als definierte Welle, sprich Energiemuster, begrenzt mit ihren Möglichkeiten (Anlagen = Impuls, Energie, Größe, Dichte!)

Hier hakt es aus menschlicher Sicht, gewaltig, ist aber von dem „Allumfassenden Bewusstseinsfeld" beabsichtigt um sich bedingt durch Gegensätzlichkeiten überhaupt erfahren zu können:

Wenn Gott etwas erschafft in der Form, sprich Welle bzw. Muster, dann wird zwangsläufig aus seinen weiblichen schwangeren Aspekten etwas geboren:

Begrenztheit = Enge = Angst!

Die erste Empfindung eines Schöpfungsprozesses, wie bei einer menschlichen Geburt, sich immer spiegelnd, ist „Angst!" in der Welle!

Sie glaubt und erlebt gefühlt in ihrer begrenzten Form Enge = Angst! – Getrenntheit, sprich Abgesondertheit von der Einheit wie beim Kind, das gerade aus dem Mutterleib gekrochen ist und mit dem Abtrennen der Nabelschnur und eigenem Kreislauf in die Polarität gestoßen wird!

Das ist die „Sünde" = Abgesondertheit, von der alle Konfessionen sprechen und wenn Angst erzeugt wird, entstehen alle Abwehrmechanismen, die die Menschen immer nur nach außen schauend, die den Menschen nun quasi zwingt, angeblich auf die Suche nach sich selbst zu gehen.
Aber in Wirklichkeit sind sie alle immer zu Hause, wenn sie nur in sich hinein blicken würden, was aber wiederum keine sinnliche Erfahrung der angelegten antreibenden Erfahrungsthemen ermöglicht!

Also ist Angst = Enge, eigentlich der "Mechanismus", der ein Geschaffenes in die Erfahrungsreise erst antreibt!

Es ist die Wahl, die gleichberechtigt dasteht – Schaut ein Mensch nun immer in sich hinein, kann er zwar die Angst relativieren, verliert aber den Bezug zur Welt auf seinen göttlichen Erfahrungsgedanken, den es in der Dualität als Welle mit seinen Anlagen dafür fokussierend zu erleben hat. (*Dr. Sommer erzählte in der Bravo zwar immer über Sexualität, dies ersetzt aber das Erleben nicht!*)

Schaut der Mensch aber nur nach außen auf die anderen Formen, verliert er den Bezug zur Einheit, wo Angst zum Kampf und Stress wird, weil er sich klein und bedürftig und schwach empfindet und glaubt durch Macht und Kontrolle seine göttliche Größe erleben zu können, was wiederum eine Menge Energie kostet, zur Aufrechterhaltung und immer mehr Verlustangst wieder erzeugt!

Somit ist der Mensch immer beides, nämlich „Sohn des Himmels und Tochter der Erde" und darin aufgespannt und daraus gibt es kein Entrinnen – nur Akzeptanz!
Er allein entscheidet, wie er Ereignisse als seine Erfahrung erleben will – eben durch seine Einstellungen dazu.

Er kann so symbolisch, wie ein Zweig gegen andere Zweige kämpfen mit Dornen um sich schlagen und in einer vermeintlichen Stärke verholzen, wuchern, oder sich gleichzeitig nach innen blickend, die Weite in sich erfühlend, die Angst relativieren und somit zum eigenen starken Ast werden, je mehr er sich der Unbegrenztheit und Weite für die Nahrung seines Baumes (Gott) öffnet – beides verbindend, das Äußere und das Innere. Der Kampf wird weniger – das Erleben qualitativ besser!

> Der Schlüssel zu den verborgenen Kammern der Seele

Kabbala und Tarot

Astrologie, Kabbala und Tarot, vielgerühmt in der Esoterik, gelten als zwei Säulen derselben, obwohl sie aufgrund ihrer engen Verflechtung nur eine darstellen.

Das Wort Kabbala, auch Quabalah, soll so viel wie mündliche Überlieferung bedeuten. Ob sie wirklich die älteste Quelle esoterischen Wissens darstellt, muss offen bleiben. Über ihre Herkunft weiß niemand etwas Genaues, und es dürfte auch unwesentlich sein, ob sie indischen, ägyptischen oder chaldäischen Ursprungs ist.

Den alten antiken Völkern jedenfalls, scheint das Verdienst zu zukommen, astrologische bzw. kabbalistische Lehren gesammelt und überliefert zu haben. Es ist die Lehre, wie Gott erscheint und wirkt. Sie kennt die mystischen Kräfte der Buchstaben und Zahlen und damit auch der Töne, Farben, Planeten, Metalle und so weiter.

Die Kabbala wird in den theoretischen und den praktischen Teil untergliedert. Schriftlich niedergelegt ist nur der theoretische; ob in vollem Umfang, ist wie gesagt fraglich. Das Studium der Kabbala umfasst zwei Richtungen. Die eine heißt »Bereschit«, findet sich im »Buch Jezirah« und bezieht sich auf die Schöpfung und ihre Gesetze.

Die andere wird „Merkaba" genannt, hat den „Sohar" zur Grundlage („Buch des Glanzes"); gilt als Ergänzung zum biblischen Schöpfungsbericht) und erstreckt sich auf das Wesen Gottes und die Arten seiner Offenbarungen. Im Sohar - einem erst im Mittelalter schriftlich nieder gelegten Werk - gipfelt die kabbalistische Seelen- und Schöpfungslehre in zehn göttlichen Schöpfungs-prinzipien, die man „Sephiroth" – synonym und symbolisch sich darstellend, in den Zahlen „0- 9", benennt.

Diese Sephirot in diesem Buch werden unter Beziehung auf Astrologie und Jung`scher Psychologie „Archelogos" bzw. Archetypen als antreibende Seelenatome/bilder genannt.

Der Kabbala zufolge, entwickelt das Unendliche - das „Urlicht" durch Konzentration auf seine eigene geistige Substanz den „himmlischen" Urmenschen Adam Kadmon, dessen es sich bedient, um sich in ihm gleichsam „herabsteigend" zu offenbaren.

Die zehn „Sephiroth" als Urkräfte/bilder entsprechen und symbolisieren zugleich kosmische Zahlen und Planetensymboliken, die als personifizierte Kräfte die Schöpfungsprinzipien des Universums im Menschen repräsentieren. Gleichzeitig aber werden sie als stufenweises Hervorgehen alles Unvollkommenen aus der Vollkommenheit gedacht, wobei diese Kräfte in ihrer Gesamtheit „Form!-gebend" den „Adam Kadmon" bilden.

Einfacher formuliert, könnte man sagen:

Die Urkraft – Der große Geist, tritt aus ihrer Verborgenheit, wird zur Lebenskraft und offenbart sich in unterschiedlichen Eigenschaften in der Formgebung materieller Körper. In diesem Körper äußert sich ein „göttlicher Ideenkreis" in zehn wirkenden Kräften, die allem Geschaffenen zugrunde liegen.
Die Quelle, zum Beispiel, aus welcher unendliches Licht hervor strömt, gilt als erste Manifestation Gottes und ist die oberste Sephirah. Aus ihr gehen kontinuierlich alle übrigen hervor.

Zu alleroberst steht aber immer der Grundsatz:

„Alles, was existiert ist eine Anschauungsform des Göttlichen"

Jeder Buchstabe und jeder Zahl entspricht einem hieroglyphischen Zeichen, einer Idee, einer Zahl und einem dynamischen Klangwert, der bei richtiger Handhabung schöpferische Energien auszulösen vermag.
Heute in der modernen Psychologie sprechen wir auch gleichbedeutend von „Archetypischen Kräften", die in uns wirken und die durch eben diese Zahlen- und Planetensymbole, Engelskräfte sowie kraftvolle Symbole aus den Tiefen des allumfassenden Bewusstseins symbolisiert werden. Eine bestimmte Bilder, Buchstaben- oder Zahlengruppierung soll (nach außen) ganz bestimmte, uns innewohnende „archetypische Kraft" aktivieren und/ oder (nach innen) auf organische Zentren bzw. Chakras - einwirken.

Die magisch-mystische Anwendbarkeit von Kabbala und Tarot darf durch praxisorientierte Erfahrungswerte als bewiesen gelten.

Wenn Du Dich findest, findest Du Gott in Dir!
Wenn Du dich erschaffst, erschaffst Du deine Welt durch Gott!
Ist das nicht das größte aller Wunder!

"In deiner Geburt wurden auch alle Dinge geboren, du bist zugleich deine eigene und aller Dinge Ursache- und wollte ich so wären weder ich noch die Dinge. Wäre aber ich nicht, so wäre auch Gott nicht!"
(Meister Eckehart)

„Wer sucht, soll weitersuchen, bis er findet. Und wenn er gefunden hat wird er bestürzt sein. Und wenn er bestürzt ist, wird er staunen, und er wird über das All herrschen."
....
„Wer das ganze All kennt und kennt sich selbst nicht, der kennt das All nicht." (Thomasevangelium)

Das Prinzip der Synchronizität

Der Tiefenpsychologe C. G. Jung erkannte bereits, dass Kausalität und Akausalität ein Gegensatzpaar darstellen. Sie schließen sich nicht aus, sondern ergänzen sich und existieren nebeneinander. Das von ihm entwickelte Prinzip der Synchronizität („zufällige Entsprechung – Es fällt zu!) erfasst den akausalen Anteil psychologischer Vorgänge, den Bereich, in dem das Prinzip von Ursache und Wirkung nicht gilt, sondern das Gesetz de Spiegelung anspricht:

Ein bestimmtes Ereignis tritt für einen bestimmten Menschen vom zeitlichen Zusammenhang her so auf, dass es für ihn eine spezielle Bedeutung gewinnt, die ihm einen wichtigen Sinnzusammenhang seines Lebens offenbart. Für jeden anderen Beobachter des gleichen Ereignisses wäre es nur ein zufälliges Ereignis, dem er keine besondere Bedeutung beimessen würde, da für ihn keine synchronistische Verbindung zu diesem Ereignis besteht. Es sagt ihm nichts Besonderes.

Beispiel: Jemand liest in einem Straßencafe ein Buch über die Toskana, als sich eine Italienerin aus der Toskana zu ihm setzt. Zufälligerweise gewinnt er dann noch über ein Preisausschreiben eine Reise in die Toskana und ein Geschäftspartner schenkt ihm als Dankeschön auch noch eine Flasche toskanischen Wein. Es ist diesem Mann quasi eine Botschaft aus seinem seelischen Inneren entgegengetreten, die ihm sagt, dass dieses Symbol Toskana ihm etwas Wichtiges über sein Leben mitteilen will und was es noch aus seiner Lebensgeschichte herauszufinden gilt.

Für Jung waren synchronistische Ereignisse ausschließlich etwas, was uns die Richtung für unseren persönlichen Lebensweg weisen sollte und das vor allem in Augenblicken, in denen wir von diesem Weg abgekommen waren oder ihn glaubten verloren zu haben.

Wenn wir Synchronizität umfassender definieren, beschreibt sie das Phänomen, dass unsere Lebenssituationen und Darstellungen mit denen wir konfrontiert sind, vielleicht sogar plötzlich und während eines bestimmten Zeitraumes oft sogar gehäuft begegnen und uns eine Botschaft über uns selbst, unseren innerseelischen Zustand mitteilen wollen.

Es werden Themen, Symbole und Bilder bzw. Darstellungen in unseren Lebenssituationen sichtbar erlebt, welche eine Beziehung zwischen unseren Bewusstseinsinhalten und Situationen im Außen herstellen.

Im Grunde ist der Begriffsinhalt sehr einfach auszudrücken:

„Alles spiegelt sich in Allem"

Dieses Gesetz, ergänzt durch „Wie oben, so unten, Wie innen so außen" kennt selbst die heutige Medizin aus der Zellforschung. Jede Zelle ist spezialisiert auf eine ganz spezielle Funktion, trägt aber den ganzen Bauplan des Menschen im Kleinen in den Genen mit sich.
Dieses Hologrammprinzip ist bekannt aus der Laser-Fototechnik. Hier werden sogenannte holografische Bilder mit einer bestimmten Laserbelichtung auf einer Glasplatte erstellt.

Das Unglaubliche daran ergibt sich dadurch, dass beim Zer-schlagen dieser Glasscheibe das gesamte Bild, bloß unschärfer auf jeder einzelnen Scherbe wieder zu sehen ist. Jedes Teil spiegelt sich im anderen, „Alles ist in Allem enthalten".

Das Hermetische Weltbild stellt darüber hinaus fest, dass hinter und vor der Existenz aller sichtbaren materiellen Strukturen eine rein geistige Struktur existiert. Dieses umfassende Organisationsprinzip (Gott!) lässt die Welt und ihre Formen als Ausdruck zur Selbsterfahrung dieses Bauplanes erst entstehen.

Wenn der Autor das Ganze mit einem Bild ausdrücken soll, dann mit dem Bild der Symphonie. Eine Symphonie ist mehr als die Noten, die gespielt werden.

A. Gott ist ein „All-Umfassendes" Prinzip

Gott, als „All-Umfassendes Prinzip" verstanden, ist die Symphonie (die geistige Information!), durch die er sich selbst in allem Geschaffenen erklingen lässt. Er hat sie sich nicht nur komponiert, er spielt sie sich selbst, manifestiert in allen sichtbaren und unsichtbaren Erscheinungsformen vor.
Er erklingt selbst in dieser Symphonie. Ähnlich wie in einem Orchester können wir die überraschende Entdeckung machen, dass wir gar keine einheitlichen unveränderbaren Wesen einheitlicher Identität sind.

Wir sind eine Mischung aus seinen, häufig in Widerspruch stehenden, sich immer wieder verändernden Teilpersönlichkeiten, die zu verschiedenen Zeitpunkten am Werk sind und deren Essenz sich im Außen, in den Lebenssituationen, Darstellungen der Dinge und Personen (auch Tiere, Pflanzen etc.) spiegeln und erfahren wollen.

Darüber hinaus ist festzustellen, dass ein Symbol als Botschaft, sei es ein Traum, ein Ding, eine Person, Begegnungen unangenehmer oder angenehmer Art immer auf- oder dem Menschen „entgegentritt", wenn das „Körper-Geist-Seele" Gleichgewicht gestört ist.

Eine solche „Spiegelung" aber ermöglicht auch die astrologisch – psychologische Geburtsdatenanalyse, das Tarot mit seinen Bildern und das „Katathyme Bilderleben" (Therapeutische Phantasiereise). Sie liefern tiefe Einblicke in das Wirken dieser Teilpersönlichkeiten (Noten!) und deren Absicht sich zu bestimmten Zeiten auf ganz bestimmte Weise ausdrücken und darstellen zu wollen.

Eben hier verlangt gerade ein Klient oft die Klarheit welche dieser Teilpersönlichkeit in diesem seinem inneren Wust von Hin und Her gerissen sein gegensätzlichster Strebungen und Erwartungen, sich in seinen Handlungen und Entscheidungen manifestieren und spielen will. Es gilt hier Klarheit in die äußeren Verwirrungen zu bringen und die Erfordernisse der Zeitqualität seiner aktuellen Situation zu berücksichtigen.

So soll besonders in der Transpersonalen Hermetischen Psychologie dem Wissen über ganzheitliche Entscheidungsinstrumente und dem damit verbundenen Hermetischen Weltbild wieder den angemessenen

Platz eingeräumt werden, der den Menschen im Zeitalter der Aufklärung mit dem damit verbundenen kausalen Weltbild verwehrt wurde. Richtig unter dem Erklärungsmodell des „Hermetischen Weltbild" gewürdigt, können die damit verbundenen Zusammenhänge über obengenannte Beratungsinstrumente komplexe Lebenssituationen und somatische Hintergründe in ihrer Sinnhaftigkeit objektiv und „psychosynthetisch" erfassen und helfen, deren Erfordernisse (richtige Melodie!) in den praktischen Alltag umzusetzen.

Die Hermetische Betrachtung der Welt als Spiegel des Inneren, führt also zu einer Transparenz, der Durchschaubarkeit, dem Erkennen von inneren Zusammenhängen, die sich in den äußeren Lebenssituationen und Darstellungen wie in einem Hologramm spiegeln!

Dies alles ist auch die Grundlage dafür, dass ein System wie eine astrologische psychologische Geburtsdatenanalyse oder Tarot überhaupt funktionieren kann. Nur unter dieser Voraussetzung haben diese einen Sinn.

Astrologie, Tarot, Träume, das Katathyme Bilderleben mit seinen (Tagtraum) - Phantasie- und Symbolreisen so wie hier im Buch die behandelten Aspekte der Kabbala sind im Grunde die Lehre vom verbindendem Sinnzusammenhang zwischen Mensch, innerseelischem Erleben & innerem Ziel, Entwicklungspotential und dessen Entfaltungsmöglichkeit im Zusammenhang mit Umfeld (Partnerschaft, Firma, Talente) und dem umgebenden Leben.

Sie stellt uns vor die Frage:

„Wer bin ich" und „Wie bin ich in diese Welt hineingestellt?
(Wie soll ich meine Noten spielen!)

Die Sprache eines solchen „Symbolpsychologischen Therapeuten" muss zunächst symbolhaft sein und Vorgänge und Charaktereigenschaften beschreiben in Form von Prinzipien, die wie schon gesagt auf vielfältige Art in die reelle Form in das praktische individuelle Alltagserleben übersetzt werden müssen.

Dem „Hermetischen Deuter", dem Intuitionstherapeuten bleibt immer der kreative Akt überlassen, diese symbolische, auf Prinzipien (Eigenschaften) fußende Sprache auf jenen Bereich zu übersetzen, für den das jeweilige individuelle Bild gilt.

Die Konfrontation von Problemen auf der Bildebene und die symbolische Bewältigung genügen oft schon zur Lösung und Verstehen tiefverwurzelter Angst- und Spannungszuständen. Durch das Verstehen und Bewusstwerdung von Problemen, wird erst wirkliche Heilung ermöglicht.

Die Aussagen werden um so konkreter, je mehr der „Hermetische Deuter" natürlich durch eine gründliche Anamnese sehr genaue Kenntnisse der Begleitumstände hat, unter denen das bestimmte Horoskop, Tarotbild, Phantasieerleben sich darstellt, und welche konkreten Möglichkeiten ein Mensch nun kulturspezifisch hat, um seine inneren seelischen Anlagen zu verwirklichen, ohne es mit negativem Schicksal in Form einer schmerzlichen Informationsverdichtung zu tun zu bekommen. Wir werden als ein determinierter psychologischer Typus geboren. Dieser bleibt nicht starr und unverändert. Das Göttliche in jedem von uns strebt nach individueller Entfaltung und Ganzheit. Der Weg dorthin führt durch Konflikte. Und diese sollen uns helfen, unsere schwachen Bereiche zu entwickeln.

Die genannten „Hermetischen Erkenntnisinstrumente" helfen darüberhinaus zu einer richtigen Zeitqualität des Handelns zu finden. Über Symbolwissenschaften, wie „Astrologie" und das psychologische Tarot kann dem Psychologen so eine große Hilfestellung geboten werden, indem diese das Eintreten und die vermutliche Dauer von kritischen entwicklungspsychologischen Lebensumständen in der thematischen Herausforderung zeitlich festlegt.
Sie können den Zweck der Krisen und das, was sie im Leben und Temperament des Klienten umwandeln und neugestalten sollen, aufzeigen.

Die klassische Psychologie hat aber bis heute noch nicht klar zur Kenntnis genommen, dass sich in jedem Menschen in Form von Lebenszyklen bestimmte seelische individuelle Programme entfalten und sich im Äußeren in Form von ganz bestimmten Ereignissen, Personen, Dingen ausdrücken oder manifestieren möchten.

Dies führt natürlich oft zu sogenannten spirituellen Krisen im Leben eines Menschen, wo er Altvertrautes eben loslassen muss, um sich zu neuen Ufern aufzumachen.

Hier beschreitet der Mensch eben seinen ureigenen Weg zur Religio (= Wurzel - nicht Konfession!) zu sich selber.

Dort findet er zu dem, was Gott, das Universum, das Licht, die Seele, oder das universelle Bewusstseinsfeld, ganz speziell über ihn, ausdrücken, darstellen und erfahren möchte.

Dieses Bewusstseinsfeld wird heute in Quantenphysik als ein „Quantenenergieschaum" beschrieben, das unendlich viele Schöpfungsmöglichkeiten birgt und diese Definition kommt dem religiösen Begriff von Gott nahe, dessen Übersetzung ja heißt: „Alles, was ist"

An solchen gewissen Schicksalspunkten reicht es einfach nicht mehr aus nur zu funktionieren, sondern neue progressive Momente sind einzubringen, die eine vordergründige stabile bürgerliche Existenz bedrohen würden. Damit haben ja eben Ideologien und Konfessionen mit ihren starren Normen und Werten ihre Probleme.

Dies wird aber von den Menschen nicht genügend wahrgenommen (Man liebt ja das Altvertraute und das alte Gefängnis, auch wenn es ein geistiges ist) und verdeckt seine Probleme lieber mit Medikamenten oder vielfältigen Reizüberflutungen.

Wir zerbrechen und ersticken dann oft an und in unseren selbstgemachten, modeorientierten oder konfessionell gebundenen Leit-bilder, weil wir uns weigern unsere individuellen Anlagen zu entwickeln, auch wenn es dem Nachbarn, dem Partner oder der Konfession nicht passt.

Aus dem Vorhergesagten ist es ganz deutlich ersichtlich, dass der Mensch nicht einem unentrinnbaren determinierten Schicksal unterworfen ist, das er zu erleiden hat.

Determiniert in seinem Lebensplan sind aber neben seiner Körperlichkeit eben auch ganz individuelle seelische Anlagen die er in eine konkrete Form und Erfahrung zu entfalten hat.

Dafür gibt es mannigfaltige Möglichkeiten, die sich aber nur in einem definierten Zeitraum, gleich einem Tor öffnen können.

Gelingt dieses nicht, bekommt es der Mensch nach dem Gesetz der Spiegelung und der Resonanz eben mit Schicksal zu tun, was aber nichts anders darstellt, als eine Art konkrete Informationsverdichtung, die eben eine Not so notwendig macht, dass der Mensch eben eine Lebenswende vollzieht, um eben wieder in den Genuss (s)eines „ Heilseins" zu gelangen.

B. Grundlagen einer symboltherapeutischen Arbeit

In einer, aus dem synchronistischen Prinzip agierenden symboltherapeutischen Arbeit ist es nun möglich mit Hilfe des a-kausalen synchronistischen „Hermetischen Weltbildes" (das im nachfolgenden noch kurz erläutert wird) und den sich daraus ergebenden heilungskräftigen Symbolbildern, die in der Tiefe von allen Menschen angelegt sind, heilsame Wirkungen in der seelischen Entwicklung eines Menschen hervorzurufen.

Dabei stellt die symboltherapeutische Arbeit den Zusammenhang zwischen Seele und erweiterter körperlicher Erfahrungsmöglichkeit her.

Scheint der Mensch über seinen Intellekt klare und lineare Aussagen über sein Leben zu wünschen, aus denen er Antworten auf seine Fragen erhalten könnte, wie er sich in seinem Leben zu orientieren hat, so muss er doch erkennen, dass der Verstand den direkten Weg zu konkreten Antworten zu den Themen der Sinnfindung versperrt.

Dennoch gibt es die Möglichkeit, mittels der holografisch–hermetischen Sichtweise bedeutsame Hinweise auf die drängenden Sinn-Fragen des Lebensweges zu bekommen.

Diese Möglichkeit erschließt sich in der intensiven Beschäftigung mit Symbolen und Urprinzipien, deren auftauchenden Bilder aus dem Inneren indem man diese wie einen Traum erforscht, studiert und sie als bewusstseinsverändernde Kraft akzeptiert.

Symboltherapeutische Arbeit ist ein für diesen Zweck bestehendes Instrument, welches dem Menschen dazu verhilft, sein Bewusstsein und sein Leben über diese Arbeit zu verändern über das alleinige „Ein-Wirken" lassen durch die Anwendung dieser symbolhaften Arbeit.

Natürlich ergänzt erkenntnisorientierte Arbeit über den Verstand das Lenken seines sich dadurch verändernden Lebens in die richtigen Bahnen. Aber die sich verändernde „Bewusstseinschwingung" bringt ihn dann quasi resonatorisch zuerst in Berührung mit qualitativ sich harmonischer darstellenden Lebenserfahrungen und Mustern.

Die daraus folgende innerseelische Korrekturarbeit am eigenen Seelenmuster ist als eine Leistung auf dem individuellen Weg an zu sehen, welche darin besteht, unter hermetischen Gesichtspunkten wieder in das Gesetz des eigenen harmonischen Geburtsmusters zu kommen.

Stück für Stück setzen sich über Symbolarbeit gleichsam wie die Teile einer zerbrochenen Bildplatte im Bewusstsein die fehlenden Elemente wieder ein, die das Werk der Vervollkommnung unter-stützen. In den meisten Fällen decken sich die persönlichen Ideale und Ziele des Menschen nicht mit den bestehenden Strukturen eines Geburtsmusters bzw. seelischer Idee und den zu erfüllenden Lernaufträgen des Bewusstwerdungsweges.

Der Mensch selbst gerät durch sein subjektives Handeln über seinen Intellekt und geprägten Programmen, durch z. B. Autoritätspersonen, Werbung, Eltern - immer mehr aus dem Gesetz seines individuellen Geburtsmusters, was sich darin auswirkt, dass im Leben manches „schief läuft".

Die geläufige Redewendung drückt das eigentliche Problem sinnhaft aus, denn jedes Misslingen von Handlungen, jeder Misserfolg resultiert daraus, dass der Mensch nicht in seiner eigenen Ordnung ist, also jenen übergeordneten Gesetzen und Aufträgen nicht gerecht wird, die mit der Geburt als Auftrag an ihn ergangen sind.

Gelingt es dem Menschen zum Beispiel mit Hilfe der symboltherapeutischen Arbeit, die Harmonie mit seinem Geburtsmuster herzustellen, dann ordnen sich die Dinge in seinem Dasein wie von selbst, weil er im Sinne seines Auftrages in Wahrheit mit sich, seinem wahren Selbst lebt und damit im Einklang ist, mit der in seinem eigenen Inneren bestehenden Ordnung.

Ein wichtiger Aspekt für das symboltherapeutische Vorgehen besteht nun darin, dass im Sinne des Hermetischen Weltbildes eine Aufspaltung von Körper und Seele nicht vorhanden ist.

Das Hermetische Weltbild postuliert im Prinzip, dass alles ist in allem enthalten und auf einander einwirkt. Mikro- und Makrokosmos, Innen und Außen entsprechen sich.

Alles „Sein" hat psychische Themen, Aspekte bzw. Schichten, die wir als körperlich, seelisch und geistig zusammenhängend beschreiben, aber es gibt keine Trennung zwischen einem nur materiellen Körper und einer nicht-materiellen Seele, deren Wirkungen aufeinander erklärungsbedürftig sind und streng genommen nicht erklärt werden, sondern nur beobachtet werden können.

Schon damals wurde also die Welt als ein Hologramm, wie oben geschildert betrachtet, wo das gesamte Bild in jedem seiner Teile wieder erscheint, bzw. enthalten ist.

Die Lösung eines Sinnfindungsproblems im Menschen kann nur darin liegen, von einem Weltbild auszugehen, das keine solche Spaltung vornimmt, sondern sich an der erlebten Wirklichkeit orientiert, in welcher die Welt eine Einheit bildet.

Das Symbol, als ein Zusammengeworfenes, ist dabei nichts anderes als ein Verbindendes in den einzelnen individuellen Entsprechungs-ebenen des Menschen. Das Arbeiten mit dem Symbol hat also immer eine energetische Auflösung von Blockaden, hin zu einer harmonischen Ganzwerdung hin, die den Menschen seinen Weg bewusster gehen lässt.

Er akzeptiert dann, dass sein innerseelisches Leben sich quasi wie ein Spiegel im Äußeren darstellt.

Damit sind wir bei den weiteren Grundlagen der Quanten-physik angelangt, die unsere Welt als ein Lebensnetz erkennt, wo jedes Teil sich im anderen erkennt, wo Beobachter und Beobachtetes sich gegenseitig beeinflussen in ständigem Wechselspiel von inneren Einstellungen, quasi alles als Symbol für den jeweiligen Betrachter fungiert!

Die Welt ist ein „Holografisches Bewusstsein", oder wie heißt es doch in der Mathematik heute – ein Fraktal der Selbstähnlichkeit:

„Alles ist in Allem enthalten
Alles spiegelt sich in Allem
Wie innen, so Außen, Wie oben, so Unten!"

Menschen können aber auch rückwirkend mit symbolisierten bildhaften Symbolen, sprich über Bilder, Zahlen, in jedem schöpferischen Imaginationsgeschehen die konstruktiven Kräfte des Unbewussten anregen, wo sich dabei innerlich positive gefühlsmäßige Erlebnisqualitäten aufbauen, die als Grundlage von Heilung dienen.
Besonders mythologische Elemente sind eine innere Landkarte von Erfahrungswelten die dem Menschen wieder einen Sinn im Leben geben können.

Jedes Traum- oder mythologische Bild oder ganz besonders jede Symbolform, die kollektiv in der menschlichen Seele schon als Urform mit einer treibenden Kraft schon angelegt sind (Archetypen = antreibende Urbilder!), stellt ein Tor dar, zu großen Wirkkräften persönlicher symboleigener Qualität.

Allein beim hingebungsvollen und intensiven Betrachten, Lesen eines solchen Symbols, eines Mythos, eines Märchens beim Nachempfinden, Nacherleben eines Traumes oder eines Mythos lässt sich das Meer des Unbewussten davon „be-ein-drucken" und der körperlichen Erscheinungsform wird so psychische Energie zugeführt, die belastende Muster, die sich letztendlich in körperlichen Krankheiten darstellen „aufbrechen".

Um es vorwegzunehmen:

Dies ist keine Frage des eines Ego`s mit seinem beschränkten kausalen Intellekt.

Die Vernunft soll nicht geleugnet werden, aber erst die Hingabe unter Aufgabe des verkrampften Wollens lässt diese unbewussten psychischen Kräften therapeutische „Energien" entfalten, die sich dann als Wunder aus den unvorstellbaren Möglichkeiten von oft ausweglosen oder kranken Lebenssituationen entfalten können.

So gesehen ist zum Beispiel in dem biblischen Spruch oder Mantra „Dein Wille geschehe" eine große tiefenpsychologische Wirkung enthalten. Nur so kann etwas in das Unbewusste des Menschen hineingebracht oder herausgeholt werden, bzw. aus anderer Sicht werden psychische Kräfte aktiviert, die ihn verändern und damit zeitversetzt sein äußeres Leben harmonisierend beeinflussen.

Über die emotionale Beschäftigung mit Mythen und Symbole und Visionen entstehen gleichsam Programmiervorlagen einer für den Menschen erfüllenden Zukunft, die in den gegenwärtigen Augenblick zurückreicht, um ihn von den Fesseln einer oft belastenden Vergangenheit zu befreien.

Die Vision entsteht durch die intensiv gefühlte Absicht, die Essenz von dadurch entstehenden neuen Lebensbildern, und helfen auch in scheinbar unmöglichen Situationen den Weg zu finden.

Sie sind nichts, was man machen kann; sie sind nichts, was der Mensch tut; sie sind etwas, was bewirkt, das den Menschen „macht".

Mythen und Symbole und Visionen wirken aus einer Stille, wenn sich dein Geist dem darin innewohnenden „Magischen" geöffnet hat der Mensch bereit ist, sich dadurch tragen zu lassen.

Die damit verbundene Erlösung fängt an, wenn dieser bereit ist zu empfangen und dann erst dort in dem wirkt, was er empfängt, um den erkannten Weg dann nach vorn zu entwickeln.

Mythen und Symbole und Visionen, die gefühlsmäßig stark berühren, machen empfänglich für deren geistige Qualität und öffnen Türen zu neuen erweiterten Bewusstseinslagen.

Sie machen den Menschen fähig, neue Eigenschaften und neue Erlebnisqualitäten zu entwickeln, die helfen, das Leben leichter und kreativer meistern zu können. Sie führen zur Harmonisierung und heilsamen Wirkungen im Inneren führen, was mit erfüllenden Resonanzen von außen einhergeht.

„So ist Gott, im erhabensten Sinne, zugleich die Materie und Fom dieser Welt…
Seine Substanz liegt allen Wesen zum Grunde; und alle tragen das Gepräge, alle sind die Symbole seiner Intelligenz! (Vgl. A. Frank: Die KabbalaS 116 ff)

Du wirst geträumt! - Er träumt sich in Dir als sein Bildwerk der Erfahrung!
Alles was du tust, ist „Traumtat", deshalb träume immer Erhebendes.
Der lebendig empfundene Sinn wird deine Wirklichkeit.
Träume sind Bilder, auch „Du" bist ein Bild –
Sein „energetisches Muster.
Du bist sein verdichtetes Ebenbild, die Hülle für seinen Sinn,
der sich im Körper als seine Erfahrung erfahren will!
Was den Samen des Geistes empfängt ist die unbefleckte Empfängnis.
Du meinst Gebärende(r) zu sein – Doch „Er" ist es, der dich gebar.

Darum geht es ja letztendlich auch in diesem Buch!

Kabbalistische Quantenheilung

Die Unterstützung deiner „Heilungsenergien" durch die heilende Wirkung „Kabbalistischer" Symbole

(So ist Gott, im erhabensten Sinne, zugleich die Materie und Form dieser Welt... Seine Substanz liegt allen Wesen zum Grunde; und alle tragen das Gepräge, alle sind die Symbole seiner Intelligenz! (Vgl. a. Frank: Die Kabbala S116 ff)

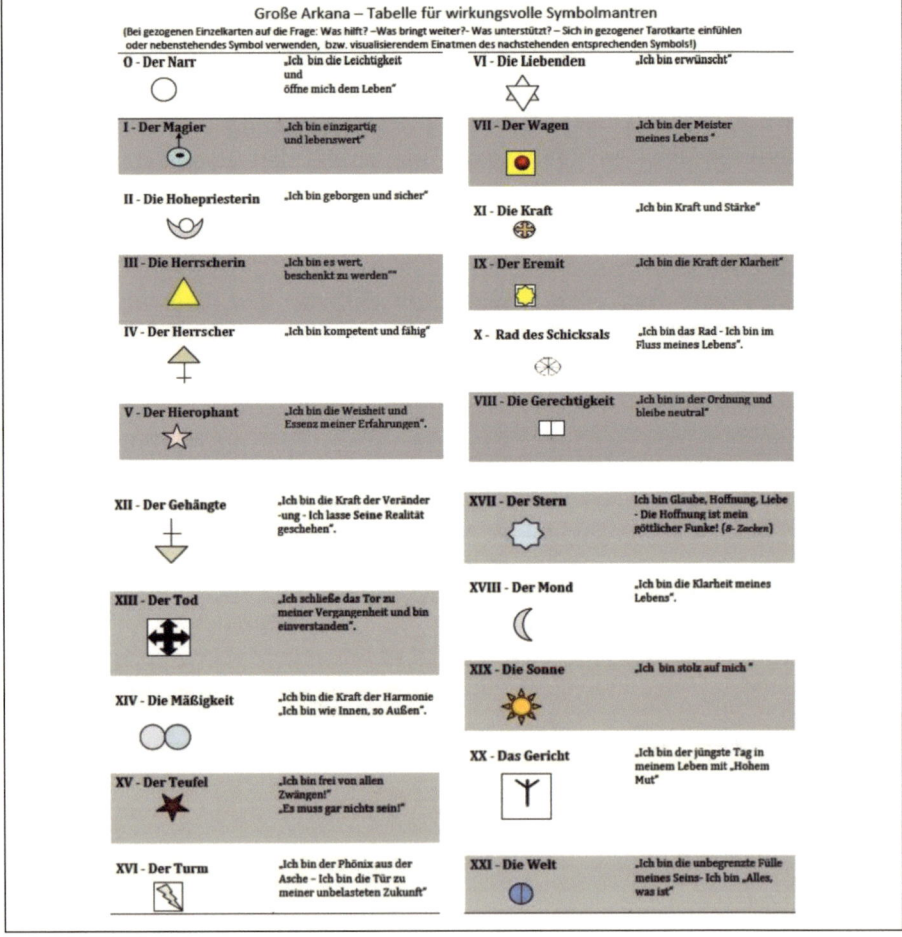

Das Hermetische Weltbild

Diese ganz andere Sichtweise der Wirklichkeit durch die sogenannten „Hermetischen Gesetze" wird Analogie genannt.

Betrachtet man die Kausalität als eine horizontale Verknüpfung von materiellen Dingen, die aufeinander einwirken, so sieht die Analogie Zusammenhänge vertikal. Hierbei werden die Zusammenhänge nicht nach materieller Ursache und Wirkung erklärt, sondern es werden innere thematische Zusammenhänge zu äußeren Situationen erstellt, die gewisse *Urprinzipien*, Archetypen (d.h. antreibende Bildkräfte der Seele genannt, durch alle Formen der Manifestation verfolgt.

Es geht also darum, diese gefühlswertigen „Bild"-anlagen und verwandte Themen in den verschiedenen Bereichen der Welt wieder zu erkennen:

Was haben z.B. ein Wirt, Mohnblumensaft, ein Narkosearzt und Weihrauch und die Zahl „2" als gemeinsames Thema?

Zunächst einmal, scheint es keinen sinnigen Zusammenhang zu geben, vor allem, wenn man eine ursächliche Kette aufstellen will.
Betrachtet man aber die verschiedenen Dinge nach ihrem Themenschwerpunkt, so fällt auf, dass es um Vernebelung, Schläfrigkeit, Lethargie geht.

Dieses verbindende Urprinzip wird in der Astrologie „Neptun", im kabbalistischen Lebensbaum „Chokmah" (Weisheit) genannt, was in diesem Zusammenhang auch symbolisiert wird durch die Zahl „2".

Dies ist also eine völlig andere Sichtweise der Welt!

Der zeitliche Faktor dieser Sichtweise entspricht der sogenannten „Synchronizität", d.h. der *Gleichzeitigkeit* nach dem Motto: Immer wenn, dann....
(Im Gegensatz zur horizontalen Betrachtung, bei der die Auswirkung einer Situation. Verursacht durch materielle Dinge, Personen in einer anderen Zeit, entweder Vergangenheit oder Zukunft liegt.)

Es geht immer um den größeren Zusammenhang, um ein ganzheitliches Muster.

Beispiel:

Die Welt wird in gewisse Systeme eingeordnet. Jedes System ist ein Versuch seitens des Verstandes, eine Ordnung in das scheinbare Chaos zu bringen.
In der ganzheitlichen Medizin entspricht jedes Krankheitsbild einem psychischen Problem. Angina tonsillaris bedeutet hier z.b. eine Enge im Hals, die durch eine, wie auch immer gelagerte Angst begründet ist, egal, ob nun Bakterien vorhanden sind oder nicht.
Die Beseitigung des Symptoms „Angina" wird durch die Bewältigung der Angst bewirkt. Dies geschieht durch direkte Zuwendung und Erklärung, wie z.b. Psychotherapie oder durch einen Energieschub in Form eines homöopathischen Mittels oder anderer mannigfaltig energetisierenden Methoden geistiger oder körperlicher Art. Diese analoge Betrachtung führt also zu einer *Transparenz der/von* inneren Zusammenhängen.

Im oben angeführten Beispiel des kabbalistischen bzw. astrologischen Grundprinzips/ Sephira „Chokmah"/"Neptun", handelt es sich in der äußeren Entsprechung z.b. um die Formen: Soziale Beruf(e) (Wirt, Narkosearzt), Pflanzen (Mohnblume), Düfte (Weihrauch).
Als kabbalistisches Zahlensymbol würde die Zwei „2", dem Sternzeichen „Fische" zugeordnet. Das entsprechende homöopathische Mittel ist Opium. Aus dem Bereich der Krankheitsbilder passen der unklare Infekt, die schlaffe Lähmung und der niedrige Blutdruck.

Diese analoge „Hermetische Sichtweise" ist nur eine Auswahl von Beispielen, die beliebig erweitert werden können.
(Vgl. Dahlke: Krankheit als Symbol- Bertelsmann Verlag)

Blickpunkt dieses Hermetischen Systems/Weltbildes ist immer das gemeinsame Thema. So können aus allen Erscheinungsformen, Situationen, Krankheiten grundsätzlich die gemeinsamen Themen zusammen gestellt werden.
Das Hermetische Weltbild bietet damit willkommene ganzheitliche „Schubfächer", um die Erscheinungsbilder der Welt, des Lebens einzuordnen. Im ganzheitlichen Überblick gibt es so immer Übereinstimmungen.

So ist das Erstaunliche, dass etwa vom Thema her ein homöopathisches Mittel weitgehend zu einem (astrologischen) Archetypus, oder dessen Konstellierung mit kabbalistischen Zahlen, Farben, Symbolen passt, zu iner Tarotkarte, oder einem Traum, nicht aber in jeder Einzelheit, dafür aber in einigen Aspekten zu einem anderen Prinzip.

Heilungsarbeit und Wunder

Auch in der Heilungsarbeit greifen wieder die Hermetischen Gesetze und die geschilderten quantenphysikalischen Zusammenhänge, die besonders im Gleichnis vom „Ich bin der Weinstock, ihr seid die Reben." (Joh.15, 5) verdeutlicht sind:

„Wir sind alle energetisch miteinander verbunden",
„Das Innere, spiegelt das Äußere"

Jesus kannte auch diesen Sachverhalt, wenn das Thomasevangelium (83) zu Rate gezogen wird:

Jesus sprach:
„Die Bilder sind dem Menschen sichtbar, doch das Licht in Ihnen ist verborgen. Im Bilde des Lichtes des Vaters wird es sichtbar werden, doch sein Bild ist durch sein Licht verborgen".

Die große positive Erkenntnis liegt darin, unsere Lebenserfahrungen im Außen als Lern- und Erkenntnismöglichkeit als Botschaften für sich selbst als Klärung von problematischen äußeren Situationen wahr zu nehmen. In der Arbeit mit den Hermetischen Gesetzen gilt es sich selbst zu ändern, statt den anderen an sich anpassen zu wollen, oder Schuld im Außen zu identifizieren. Diese Gesetzmäßigkeiten halten den Einzelnen an, die volle Verantwortung für die Gestaltung seines Lebens zu übernehmen.

So ist die wichtigste Voraussetzung für therapeutisches Arbeiten bzw. das geistige Heilen das Wissen und Erfahrung um die Handhabung des Hermetischen Spiegel- oder Resonanzgesetzes „Gleiches zieht Gleiches" an und das was verdrängt wird erscheint als Problematik in der Form, sprich in den Krankheiten, Situationen und Darstellungen des Lebens. Die außen erscheinende Form der Darstellungen (Form) gibt der Person wiederum eine Botschaft über den Zustand ihres Innern (Thema!). Das Äußere steht symbolhaft für das innere seelische Geschehen.

Systemische Aufstellungen zum Beispiel, heute oft unter dem Namen Familienaufstellungen bekannt, wie sie heute vielfach als therapeutisches Mittel angewandt werden, können als Mittel, als äußere Darstellung zur Beschreibung der inneren Archetypen genutzt werden.

Sie helfen nun dabei spezielle „fehlgelebte" archetypischen Anlagen und deren auftauchende nicht integrierte Problemzonen in exoterischer Form, also über das Äußere zu entdecken und wieder in die richtige Form zu bringen, um ein erfülltes Leben unter Umständen ohne Krankheiten und Schicksal zu leben.

Gemäß dem Gesetz der Spiegelung beschreiben nun Astrologie und Kabbala gleichermaßen symbolhaft Vorgänge und Charaktereigenschaften in Form von diesen Prinzipien, inneren Personen, früher in der mittelalterlichen Sprache „Planetenkräfte", in der Kabbala Sephira mit ihrer Zahlen und Engelszuordnung genannt, die uns, wie schon gesagt auf vielfältige Art in einer reellen Form z. B. Verwandte oder Geschäftskollegen, Situationen begegnen, bzw. sich spiegeln.

Im Grunde ist so das Leben, nichts anderes als die symbolisch- individuelle Mischung dieser Strukturelemente der Seele, also eine Art Familienaufstellung von archetypischen Seelenkräften/ Prinzipien genannt **(Inhalt)**, die ein jeder Mensch in verschiedenen Lebensbereichen (weltliche Bühne) in die äußere **Form** zu bringen, zu verwirklichen, bzw. zu integrieren hat. Diese vereinen sich aber nicht zu einer bestimmten kategorischen Aussage, sondern machen den Menschen zu einer sehr komplexen Persönlichkeit, mit unterschiedlichen Verhaltensweisen und Lebensformen in ganz verschiedenen Lebensbereichen.

Egal wo der Mensch nun hinschaut:

„Er sieht sich immer selbst, wie in einem Badezimmerspiegel!"

Auch die Körperlichkeit selbst, also quasi die Form und die Krankheitssymptome des einzelnen Individuums steht oder beinhaltet ebenfalls die Disharmonie im Inneren (Inhalt, Thema), die durch falsche Sichtweisen und der damit verbundenen Handlungen nicht körperlich (Form) harmonisch zum Ausdruck kommen kann.

In diesem Zusammenhang erinnert der Autor noch einmal an die uralten zarathustrischen/jüdischen Erkenntnisse „Menog" genannt. Im Sohar, der „jüdischen Weisheitsschrift" heißt es dazu:

... Denn auch jene Gestalt ist ihm nicht an seiner Stätte zu eigen, sondern erst, wenn er herabsteigt zur Herrschaft über die Welt und über die Wesen sich breitet: dann erscheint ER jedem Wesen nach dessen Bilde- und Vorstellungskraft....
(Vgl.: Sohar, Diederichs Verlag, Judaika 35- Gestalt und Gestaltlosigkeit des Göttlichen, Seite 66)

Es zeigt jedem damit, auch seinen potentiellen Platz und seine Funktion im Gesamtsystem, wenn der Mensch falsche Einstellungsmuster in sich korrigiert und damit gemäß dem Resonanzgesetz das Zusammenspiel von seelischen Kräften harmonisiert, die in der Astrologie, Kabbala symbolhaft über Planetensymbole, Zahlen und Farben, beschrieben werden.

Der Dreiklang: „Intuition – Gefühl – Denken führt dann wieder zu folgerichtigem Handeln, weil das Innere wirklich stimmig mit dem Äußeren in Entsprechung gebracht wurde!

a. Die Empfindung (Das Greifbare!) stellt fest, was tatsächlich vorhanden ist.

b. Das Denken ermöglicht uns zu erkennen, was das Vorhandene bedeutet,

c. Das Gefühl, was es wert ist, wobei der Verstand diese rational in seine Situationen einordnen muss.

d. Die Intuition schließlich, weist auf die Möglichkeiten des Woher und Wohin, die im gegenwärtig Vorhandenen liegen.

All diese innerseelischen Kräfte mit ihren kraftvollen zugehörigen Symbolen beschreibt die Kabbala über das Tarot, numerologische Systeme, sowie z.B. in ihrer Zahlenlehre im Baum des Lebens sehr eindrucksvoll und wirksam.

Quantentherapie mit den Kabbalistischen Symbolen

Im Kapitel über die Kraft des Bewusstseins wurde deutlich gemacht, dass dieses Bewusstsein überall um uns herum ist, wir darin als energetische Muster, sprich Seele oder Selbst, darin eingebettet sind

Im Prinzip ist es unsere Seele, Selbst, der das zu bearbeitende Thema trägt (Inhalt!), während wir und unsere sichtbaren, begreifbaren Situationen, einschließlich unserer Körperlichkeit, der materielle Ausdruck (Form!) sind. Sie muss wie eine Zelle sowohl für ihre Ganzheit als auch für ihr göttliches "Bildwerk" einstehen. Sie muss also ihre Identität aufrecht erhalten, aber auch ihre Beziehung zum Ganzen aufrecht erhalten, wie eine Zelle oder ein Organ im Körper.
Je mehr sie in Polaritäten in ihrem Ausdruck geht, um so stärker verliert sie die andere Seite, die dann umso mehr als Böses, sprich sogenannter Schatten seine Existenzberechtigung einfordert.

Gemäß dem Gesetz von Inhalt und Form reagiert das allumfassende Bewusstseinsfeld immer nur auf das Thema, das gelöst wird /werden soll.

Es geht also bei ganzheitlichen Heilungen von Symptomen eigentlich immer um nicht erkannte Themen, um Einstellungen mit ihren emotionalen Blockaden, mit denen wir uns mit unserem EGO, der zusammengezimmerten Tagespersönlichkeit dem Allumfassenden bzw. unserem Göttlichen Selbst (Göttliches Kind, Licht) in unserem Nichterkennen (wollen?) entgegen stellen.

Der Klient mit seinen sichtbaren Problemen, wie Krankheit, misslichen Situationen, Partnerschaftsproblemen stellt die Form dar, also das Sichtbare des zu lösenden Themas, das ihn anleiten soll, seine „durcheinander" gekommene Software von Fremdprägungen zu befreien und „upzudaten"!

So gesehen sind wir gehalten, immer das „konstruktiv" aufbauende, zu heilende Thema bei der „Quantenheilung" in die Psyche des Menschen „einzuschwingen", wie ein Virenbeseitigungsprogramm, die sich dadurch wieder im Sinne seiner Lebensthemen harmonisieren kann.

Hierzu können wir für Heilungsvorgespräche noch folgende Grundinformationen brauchen:

Die Kraft der erregenden Phantasie

Der Mensch hat im Unterschied zum Tier die Gabe, hoch emotionale bildhafte Vorstellungen, Ideale, gezielt in seinem Bewusstsein aufzubauen.
Diese Fähigkeit wird auch als Imagination bezeichnet. Diese dem Menschen angebotene Fähigkeit zur bildlichen Vorstellung ist in uns allen vorhanden; bei den einen ist sie ausgeprägter als bei den anderen. Die Fähigkeit zur bildhaften Vorstellung wird durch Übungen trainiert, die als Visualisieren bezeichnet werden. Dabei lernst du, bestimmte Formen und Farben vor deinem inneren Auge zu sehen. Wenn du dein Visualisierungsvermögen durch Bildvorlagen schulst, dann vermagst du ohne Bildvorlagen, nur mit deiner Phantasie, eigene neue Bilder in deinem Bewusstsein zu schaffen. Die Imagination wendest du auch immer dann an, wenn du dir ganze Handlungsabläufe bildhaft vorstellen willst.

Wissensspeicherung und Imagination sind zwei Aktivitäten deines Bewusstseins. Wissen baut auf vergangenen und aktuellen Erfahrung auf. Imagination befähigt dich, eine neue Ausrichtung deines Bewusstseins vorzunehmen. Wille und Vorstellungskraft stehen in wechselseitiger Beziehung. Der Wille ist notwendig, um zielgerichtete Vorstellungsbilder zu schaffen.

Die inneren Vorstellungsbilder haben aber wiederum die Tendenz, Handlungen hervorzurufen. Die Vorstellungskraft regt den Willen an, die Inhalte der Vorstellung zu verwirklichen.

Ein konzentrierter Wille vermag aufgrund der Schöpferkraft deines Bewusstseins Vorstellungen zu schaffen und bei Betroffenheit diese gefühlsmäßig zu beladen und damit im Äußeren entsprechend zu manifestieren.

Diese Kräfte des tiefen inneren göttlichen Bewusstseins sind in jedem von uns enthalten. Es gilt, diese ins Bewusstsein zu heben. Dazu eignet sich besonders die Visualisierung von Symbolen. Wenn ein Symbol in Form eines gefühlsbeladenen Bildes wirkt, dann wird es Wirklichkeit. Visualisierung verwandelt und verändert dich.

Wie schon früher erwähnt, teilt der Geist mit dem Symbol, dem Bild, das Phänomen des Dynamischen, d.h. diesem wohnt eine treibende, sich verwirklichen wollende Kraft inne.
Deshalb ist das Symbol ein Instrument, das ein Bewusstsein konzentriert nutzt, um sich in der spezifischen Realität zu manifestieren.

Ebenso wie ein Bogenschütze sein Ziel betrachtet, um so mit ihm eins zu werden, so muss der Visualisierende mit seinem Ziel eins werden. Dann bekommt sein Streben die richtige Richtung. Er schreitet dann auf sein Ziel hin voran, ohne sich zu zersplittern.

Mit einer ständigen konzentrierten Visualisierung mittels eines dich innerlich emotional berührenden Symbolbildes schaffst du dir einen Kanal zum machtvollen Unbewussten, um dessen große Manifestationskräfte zu nutzen.

Visualisierung ist damit nicht eine Angelegenheit des Verstandes. Diese und die damit verbundene Emotion nimmt die Ganzheit deines Lebens mit in das Erleben hinein.

Wenn du das Symbol vor deinem inneren Auge entstehen lässt und emotional belädst, quasi innerlich einatmest, dich darauf einlässt, dann wirst du empfänglich für seine Qualitäten und sein äußeres Erleben.

Die Visualisierung eines Symbols, eines Bildes baut die ihm innewohnende Qualität in deinem Bewusstsein auf. So veränderst du deine innere Haltung und deine äußeren Verhaltensweisen. Du machst neue Erfahrungen mit dir selbst und in deinem Leben mit neuen adäquaten Situationen. Deine Persönlichkeit und Erkenntnisfähigkeit entfaltet sich, und deine Handlungen werden davon beeinflusst, Belastungen lösen sich auf, heilsame Wirkungen setzen ein.

Gib also dem Klienten mit den Symbolen der Kabbalistischen Quantenheilung die Möglichkeiten der Veränderung in deinem Inneren, während du als Therapeut und Seelenführer dich mit der Kraft des Symbols mit dem allumfassenden verbindest. Bediene dich der Kraft dieser nachfolgenden ansprechenden und auf-bauenden Symbole. Die Tür zu einem neuen Bewusstsein öffnet sich. So erhöst du die „Schwingungsebene" deiner Energien und die des Klienten. Eine neue Bewusstseinslage wird erreicht, und damit ändert sich dann Leben auch im Außen ganz automatisch.

Für den Erfolg deines Lebens kommt es nicht darauf an, was Du tust, sondern was Du an Qualität in dir siehst, mit welcher Erlebnisqualität Du! die Situationen deines Lebens erleben möchtest.

Exkurs: Wunder und Heilung

Da gibt es in allen Kulturen Schriften, Heilige Tiere, die als "Heilig" angesehen werden. Da gibt es das zentrale Heiligtum der Islamischen Welt die „Kaaba" in Mekka, ein Meteoritstein. Da sind die "heiligen" Orte und Tempel der Schamanen, Druiden, wie Stonehenge etc. Da gibt es die „heiligen" Christen, die sich grausam ermorden ließen für ihren Glaubensvorstellungen und angebliche Wunder die sie getan haben, wie viele Priesterschamanen alle Kulturen, wobei mir dabei einfällt, was für ein Wunder es ist, was Psychotherapeuten und Ärzte jeden Tag auch mit dem Glauben von Patienten leisten! Ist es nicht auch ein Wunder, wenn eine Mutter von fünf Kindern großartiges aufopferndes für ihre Kinder tut oder ein guter Freund, der einen anderen, sich emphatisch einfühlen könnend, vom Selbstmord abhält! – Wären sie nicht auch „Heilig"

Jede Konfession beansprucht dieses Wörtchen „Heilig" für sich und macht es dabei zur Hure einer Mission der Spaltung von Menschen in Gut oder Böse. Übrigens! - Da gab's doch mal eine " Heilige Inquisition"!
Aber sind wir nicht alle „Heilig –Warum? Wir sind doch alle Gottes Ebenbild (Genesis). Da hat doch Gott eigentlich nichts „Unheiliges" geschaffen, was ja ungemein tröstlich ist. Und Jesus hat gesprochen davon, dass unser Glaube Berge versetzen kann und im Gleichnis vom Senfkorn: "Das alles könnt ihr auch...das Königreich ist in jedem von uns!"

Die Kraft des Glaubens mit seiner Visualisationsfähigkeit ist ungeheuerlich. Also ein Heiliger, ein Mensch heilt eigentlich nicht, sondern verursacht das Wunder im Bedürftigen, den Glauben an sich erweckend könnend!

Auch Jesus sagte dazu: Da wandte sich Jesus um und sah sie und sprach: Sei getrost, meine Tochter; dein Glaube hat dir geholfen. Und das Weib ward gesund zu derselben Stunde. (Matthäus 9:22)

Glaube heißt auf etwas vertrauen, auch wenn es der Verstand verneint. Selbst die Quantenphysik bejaht das in jeglicher Hinsicht: „Nicht: „Ich glaube, was ich sehe" ist richtig, sondern du erlebst, was du tief in dir innerlich glaubst". Deine bewussten oder unbewussten Überzeugungen sind dabei der "Zaubertrank", der heilende oder zerstörende Wirklichkeit erzeugt!

Wenn man also seine Überzeugungen ändert, wird sich eine „kranke" bzw. missliche Wirklichkeit ändern.

Wenn wir uns den HeilerInnen zuwenden, sollten wir uns auch mal fragen: „Wie viele hat er/sie denn nicht geheilt!!" – Der Wunder-heilerIN heilt nicht, nur der Glaube des Menschen an dieses fleischgewordene Symbol, das etwas im Kranken auslöst!

Damit ist Glaube und Heiligkeit keine Sache der Konfession, sondern eine Sache der persönlichen inneren Entfaltung der eigenen inneren ungekannten Kraft der Psyche. Ob sie nun dabei als kraftvoll escheinendes Symbolbild oder Person den Menschen berührt, emotional seine Selbstheilungskräfte weckt, dann hat dieses personifizierte Heilungssymbol seine Schuldigkeit getan und „Heilung " erfolgt!

Wunder und damit verbundene Heilungen bzw. Zufälligkeiten können aber trotz Offenheit nur geschehen, wenn psychisch unbewusste Inhalte ins Bewusstsein treten wollen, wo die Psyche durch Selbsterkenntnis das Ego über seine Ich–Befangenheit als Entwicklungsschritt hinausführen möchte, wenn es zugelassen wird!

Wenn diese psychischen Inhalte die Bewusstseinsschwelle überschreiten, bzw. bewusst werden, werden keine oder weitere Wunder bzw. weiterführende Zufälligkeiten in den betreffenden Lebensabschnitt mehr ins Leben treten. Da hilft auch kein Gebet oder Geduld oder Wünschen. Im Tagesbewusstsein ist alles vorhanden um das Leben als Hereinforderung des Alltages zu gestalten bzw. freie Entscheidungen im Tagesbewusstsein zu treffen.

Das Unbewusste und das Bewusste arbeiten immer ergänzend zusammen! Das heißt aber nicht, dass das Unbewusste stille hält –Es arbeitet oft unbemerkt vom Ego und lässt seine Informationsverdichtungen, Wunder bzw. Botschaften bzw. Heilungen aus dem Inneren oder dem Äußeren zum richtigen Zeitpunkt ins Leben treten!

Das beruhigt doch ungemein: Man muss sich also nicht kreuzigen lassen oder Büßer oder Asket werden um „Heilig" zu sein bzw. heil zu werden!

Die Geistheilungssymbole der Kabbalistik

Wenn nun vorgenannte Elemente und die Grundlagen der Symbolheilung berücksichtigt werden, so ergibt es zusammen mit der gängigen Imaginationstherapieverfahren, dem „Katatyhmen Bilderleben" von H.C. Leuner und der „Inneren Kindarbeit" eine potenzierte ergänzende und faszinierende Form der KABBALISTISCHEN QUANTENHEILUNG in Verbindung mit den Bildern der Seele. *(Vgl. Axel Englert: „Merlin lebt" und „Moderne Geistheilung mit Bild – und Zahl" –BOD Verlag)*

Diese Methoden kann die Harmonie in einem System besonders fokussiert und schneller wieder herstellen, die durch Krankheit, problembeladene Situationen oder Personen gestört ist, weil sie durch die kraftvollen Symbole der KABBALASYMBOLE noch effektiver unterstützt werden.

Dies kann über den sogenannten Dreieckszusammenhang geschehen.
In der Psychosomatik gibt es diesen Dreieckszusammenhang, der sich folgendermaßen formulieren lässt:

Das psychosomatische Dreieck:

„Körper/ Geist/ Seele"

bilden in der Harmonie, in „gesundem" Zustand ein:

„Gleichseitiges Dreieck".

Dabei ist definitionsgemäß:

Seele:
Das Gedanken-„Bild", wie das Allumfassende/ Gott genannt, dich „einge- Bildet" bzw. geformt hat um sich darin zu erfahren.

Körper: Das sinnliche Erfahrungsinstrument der Seele.

Geist bzw. Gemüt:
Alle Stimmungen, Affekte, Programmierungen, innerlich gefühlten Konflikte, die du in dir hast bzw. trägst.

Zeichnung:

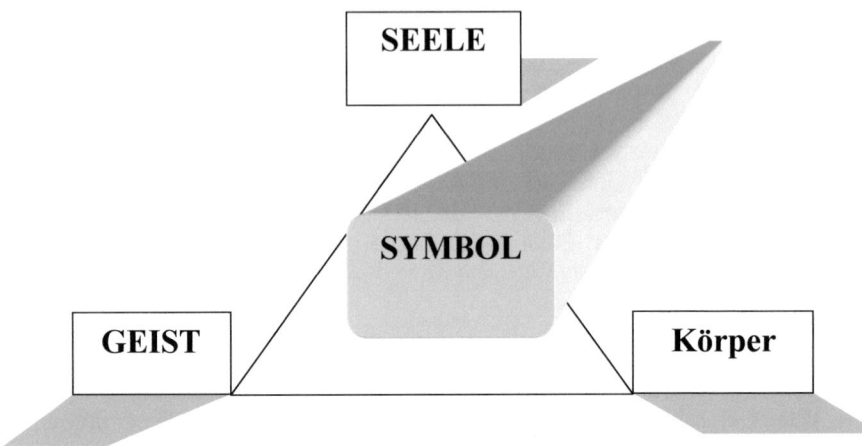

Wird diese Harmonie gestört, treten Symbole auf:

(Schlechte) Träume, Konflikte, ständig problembeladene Symbole, Krankheit, Katastrophen, blockierte Situationen, Stagnationen, die nur blockierende Muster und emotionale Belastende Situationen im Inneren „spiegeln".
Diese können wir oben nach dem geschilderten „Hermetischen Grundsatz" wie „Innen, so Außen" zu beschreiben und würdigen die Aussage des großen Mystikers Jesus unserer Zeit:

„Wo zwei oder drei in meinem Namen zusammen sind, bin ich mitten unter euch!" (Matthäus Kap. 18-20), sowie **„Das Königreich ist inwendig in Euch!**

Nun ist es möglich an die geschilderte Tarottherapie anzuknüpfen und mit folgendem Grundsatz arbeiten:

Wenn man ein archetypisches Symbol ins System einbringt, dann wirkt das Symbol resonatorisch auf das gesamte innere System zurück!

Krankheit hat hierbei Symbol- und Signalfunktion und Symbolcharakter, dass etwas aus der (göttlichen~ Ordnung) gefallen ist. Jede Krankheit ist also wie ein Warnlämpchen in einem Auto und manifestiert sich dort, wo eine Fähigkeit oder Anlage nicht wirklichkeitsadäquat gelebt werden kann.

Eine interessante Parallele finden wir dazu im Alten Testament im Buch „Moses". Hier lässt Moses wegen eines kollektiven Sündenfall der Israeliten das Symbol der Schlange weithin sichtbar im Lager aufrichten. Wer das Symbol der Schlange daraufhin ansah, wurde wieder gesund.

„Da kamen sie zu Moses und sprachen: Wir haben gesündigt, dass wir wider den HERRN und wider dich geredet haben. Bitte den HERRN, dass er die Schlangen von uns nehme. Und Mose bat für das Volk. Da sprach der HERR zu Mose: Mache dir eine eherne (metallene) Schlange und richte sie an einer Stange hoch auf. Wer gebissen ist und sieht sie an, der soll leben. Da machte Mose eine eherne Schlange und richtete sie hoch auf. Und wenn jemanden eine Schlange biss, so sah er die eherne Schlange an und blieb leben."
(Bibel, 4. Buch des Moses, Kapitel 21, Verse 4 bis 9)

Bezogen auf die moderne Geistheilung heißt dies:

Eine gezogene Tarotkarte bzw. die benutzten „Kabbalasysmbole" spiegeln bzw. zeigen die Disharmonie des gesamten Systems und erzeugen heilsame Wirkungen!

Die kabbalistischen Quantensymbole spiegeln ebenso wie eine Tarotkarte, gezogen auf die Frage:

- „Was heilt mein System - Was bringt es ins Gleichgewicht das entsprechende Symbol!

- „Welches Symbol und Bild muss ich aufrichten, bzw. anschauen und fühlen, um „Heil" zu werden!

Die „Tarot-Psychotherapie"
Bilder, die in die Seele wirken

Das vormals schamanische Orakel des Westens hat sich heutzutage vom Nimbus des Aberglaubens und der vornehmlichen Zukunftsdeutung befreit. Es ist durch den theoretischen Hintergrund der „Hermetischen Gesetze", und der Analytischen Psychologie C.G. Jungs, die die Welt als einen Spiegel betrachten immer mehr zu einem erklärbaren therapeutischen Medium geworden, durch das sich das Unbewusste des fragenden Menschen offenbart.

Neben der Astrologie, dem I Ging oder den Runen oder Knochenbildern zählt das Tarot wohl zu den am meisten verbreiteten Auslegetechniken. Auf den Tarot-Karten sind dieselben Symbole, Stimmungen, Bedeutungen und Schwingungen abgebildet, die wir tief in unserem Inneren als Seelenprägungen tragen, und deshalb können sie sich direkt an unser Herz und unsere Seele wenden, ohne die Zensur des bewussten Verstandes. Die auf ihnen abgebildeten Urbilder symbolisieren alle Erfahrungen, die ein Mensch in seinem Leben machen kann, und es gibt eine energetische Entsprechung zwischen dem momentanen Seelenzustand des Tarot-Spielers und der Karte, die er aufdeckt.

Sie wirkt wie ein Schlüsselreiz in seinem Unbewussten und lässt die ihr entsprechenden Bilder als Antwort ins Bewusstsein emporsteigen. So erfährt der Mensch sich selbst, wenn er Tarot spielt. Kein Wunder also, dass ein Tarot-Spieler anscheinend immer die "richtige" Karte zieht, obwohl es 78 von ihnen gibt.

Wie im ganz normalen Kartenspiel gibt es Trümpfe. Im Tarot sind es „22" Bilder - die "Großen Arkanen" (Geheimnisse).
Sie weisen außer auf die persönliche, die jeweilige Situation des Fragenden betreffende Situation auf übergeordnete Lebenszusammenhänge hin *(Was ist los, wie entwickelt sich es!)*.

Die 16 Hofkarten haben oft etwas mit wichtigen Personen in unserem Leben zu tun. Sie zeigen aber auch auf, was wir zu lernen haben oder meistern wollen und weisen auch auf besondere Talente hin.

Die übrigen Kleinen Arkanen betreffen die kleinen, unmittelbaren Bereiche des Lebens. *(beschreiben auch. wie eine Entwicklung geschieht!)*.

Wie im "normalen" Kartenspiel reichen sie, da auch in Wertigkeiten numeriert, wie beim normalen Kartenspiel von „1" bis „10" und „As" und sind den Elementen entsprechend in:

Stäbe (Feuer – Antrieb - Rot),
Kelche (*Wasser – Emotion, Gefühl- Dunkelblau*),
Schwerter (*Luft – Denken, Verstand, Entscheidung - Hellblau*)
Scheiben (*Erde – Umgang/ Beziehung mit materiellen Dingen*) eingeteilt

so, wie wir es von Kreuz, Pik, Herz und Karo her kennen.

Aber das Wissen um die dargestellten vier Elemente ist unter Umständen eine wichtige Hintergrundinformation, wenn man anfängt, Tarot ganz intuitiv zu spielen.

Den ersten Zugang zu den Karten müssen Sie selbst finden, denn es ist Ihr eigenes Selbst, das Sie in ihnen entdecken werden. Nicht umsonst wird das Tarot als "Spiel des Lebens" oder "Spiegel der Seele" bezeichnet, und es geht nur um Sie selbst, es ist Ihre eigene Seele, in der Sie sich spielend spiegeln. Deshalb müssen Sie auch Ihren eigenen Umgang mit den Karten entwickeln.

Legen Sie nun die Karten in. einem Halbkreis verdeckt vor sich aus, und nehmen Sie auf Ihre Weise Kontakt zu sich selbst auf. Entspannen Sie sich, indem Sie Ihre Muskeln zunächst an- und dann wieder entspannen, beobachten Sie eine Weile Ihren Atem oder schließen Sie nur die Augen und sehen Sie nach innen. Sie entlassen Ihren bewussten Verstand dadurch für eine Weile, und Ihr Unbewusstes hat Raum, die Frage zu finden, die Sie im Moment wirklich beschäftigt.

Um mit den Archetypen und ihren Inhalten in Resonanz zu kommen und deren Kräfte in uns zu wecken, die sich dann resonatorisch im Außen darstellen können, müssen wir über symbolische kraftvoll ansprechende Bilder arbeiten, die diese in uns mit ihrer spezifischen Energie zum Schwingen bringen können. Dafür steht das Tarotspiel von Arthur Edward Waite in hervorragender Weise.

Es enthält alle die ansprechenden Symbolbilder (*auch Psychoide genannt*) enthält, auf die unsere Seele mit ihren archetypischen Elementen resonatorisch reagiert.

Dieses, aus 78 Karten bestehende Set, beschreibt umfassend jene archetypischen Kräfte und deren Energien, jede Lebenssituation eines Menschen beschreibend.

Dabei kommt es hier, wie im Nachfolgenden erläutert in diesem Fall nicht auf die „Wahrsagefunktion" der Karten an, sondern auf deren heilsamen Wirkungen im Menschen, die sich dann über eine psychologisch-therapeutische Arbeit in harmonisch erlebbare Situationen des Klienten in all seinen Lebenssituationen manifestieren können.

Dazu legen wir alle 78 Karten auf dem Boden oder einem großen Tisch gut erkennbar und zugänglich so aus, dass alle Bilder gesehen werden können.

Wir arbeiten also nicht mit verdeckten Karten. Beim Betrachten der Karten geht es darum, eigene Gefühlszustände und innere Haltungen in den Bildern wiederzuerkennen.

Sehr oft tauchen dabei tief verschüttete Bilder mit den entsprechenden Glaubenssätzen aus unserer Kindheit auf, die unser Leben mit belastenden Emotionen resonatorisch disharmonisch beeinflussen. Diese können dann sehr gut bearbeitet und aufgelöst werden.

Sie ist das Wichtigste in dem Frage-Antwort-Spiel, mit dem Tarot. Ist sie klar gestellt, enthält sie bereits Wege zu ihrer Beantwortung. Richtige Fragen öffnen den Menschen für die Wirklichkeit.

C. G. Jung meint, dass bereits die Bewusstheit über eine Frage energetisch resonatorisch etwas in Richtung Antwort bewegt und das, was gerade ist, seinerseits auch auf den Fragenden einwirkt.

Er nennt das wie schon angeführt "Synchronizität" und meint damit, dass sich gleiche Schwingungen bzw. psychische Energiequalitäten treffen bzw. sich gegenseitig anziehen.

"Seele" heißt übersetzt "saiwalos" = Buntschillernd!

Als dein Selbst hat sie nicht die Farbe deine Gedanken sondern du bist ihr Ausdruck des ganzen "Farbspektums" ihres von dem allumfassenden angelegten Bildwerks!

Der Psychologe spricht von archetypischen „Bildekräfte".

In Übereinstimmung mit der Kabbala besteht nun die Seele, das Selbst eben nun als eine individuelle Mischung (saiwalos = buntschillernd) dieser „Bildekräfte", die man Seelenatome bzw. „Seelenquanten" nennen könnte.

Es sind eben diese „Zehn Wesensglieder", die genau definierte Gefühlsqualitäten durch den Menschen in ihrer Mischung und damit Einzigartigkeit zum Ausdruck bringen wollen und entsprechende Resonanzen aus dem Außen „anziehen" bzw. bewirken.

Deswegen sprechen wir in diesem Buch von „Quantenheilung"!

Archetypische Resonanz der Zahlen- und Symbol ~ sowie Farbenzuordnungen (Vgl. Seite 112):

ZAHL	SYMBOLIK Astrologie/Kabbala	FARBE
1	Pluto/Daath	Weinrot/Granatrot
2	Neptun/Chokmah	Algengrün
3	Uranus/Kether	Stahlblau
4	Saturn/Binah	Schwarz/Grau
5	Jupiter/Chesed	Kardinalsrot
6	Mars/Geburah	Karminrot
7	Venus/Netzach	Rosa/ manchmal Gün
8	Merkur/Hod	Postgelb
9	Sonne/ Tiphareth	Goldgelb
0	Mond/Jesod	Silber/milchig/Opal

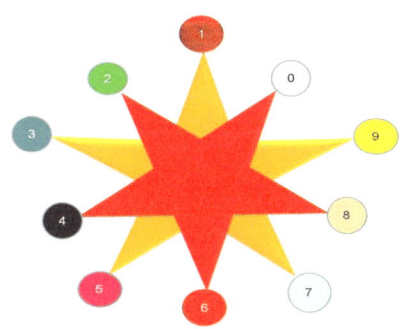

So wie ein Tarot-Bild durch seine Schwingungen/psychischen Qualitäten ähnliche Antriebskräfte in Ihrer Psyche aktivieren kann, aktiviert umgekehrt die persönliche Schwingung bzw. eigene Erlebnisqualität, bzw. Gemütszustand der Frage die Antwortkarte.

(Vgl. Hermetisches Gesetz: „Gleiches zieht Gleiches an!")

Fragen Sie zu einem entsprechenden Anlass ganz spontan, oder fragen Sie auf den Augenblick bezogen etwa so:

Wo stehe ich in diesem Moment? Was spüre ich? Welche Menschen erscheinen als inneres Bild in mir?
Vielleicht kommt Ihnen auch eine ganz andere Frage - was ist mit meiner Beziehung los, was soll ich beruflich tun?

Eine Frage taucht bestimmt auf, und wenn sie klar ist, atmen sie dabei gesammelt, und lassen Sie sie langsam über die Karten gleiten. Sie müssen die Karten gar nicht berühren und werden trotzdem erleben, was alle Tarotspieler immer wieder überrascht:

Sie spüren, dass zwischen Ihnen und der Karte etwas passiert, das *der* bewusste Verstand am liebsten leugnen würde:

Ein Kribbeln, Wärme bei den einen, Anziehung bei anderen Karten, andere wieder fühlen sich ganz neutral an. Und irgendwann greift Ihre Hand einfach zu. Sie nimmt dann genau die Karte, die für diesen Moment und diese Frage Ihre Karte ist. Schauen Sie sich das gezogene Bild an- versuchen Sie, nur das Bildhafte, auch emotional, zu sehen, nicht die Schrift. Und nun können Sie sich überraschen lassen.

Beginnen Sie mit dem Moment und versuchen Sie, einmal nur zu sehen. Beschaffen Sie sich ein eigenes Tarot-Spiel, denn gespürte Energien spielen dabei eine wichtige Rolle, und Ihr Spiel wird mit Ihrer psychischen Energie korrespondieren.

Am beliebtesten ist das Rider-Tarot-Deck von White, das die ganze Bandbreite der wirksamen Symbole aus der Seele birgt.

Gehen Sie das Risiko ein, ihrer eigenen Intuition oder Ihrem Unbewussten zu vertrauen und kaufen Sie sich nicht gleich ein Interpretationsbuch! Das lenkt Sie nur in eine bestimmte Richtung und gibt Ihrem Verstand neues Futter, anstatt Ihrem Unbewussten eine Chance zu geben.

Ziehen Sie etwa eine Karte *für* den neuen Tag und fragen Sie, was er Ihnen bringt, und worauf Sie achten sollen. Schauen Sie sich die Karte nur an. Ihre Bedeutung enthüllt sich dann ganz von selbst.

Der Schlüssel zu dem hier beschriebenen intuitiven Tarot ist "wahrnehmen" und die Intuition aufsteigend, "wirken lassen". Gönnen Sie es sich also, den Reichtum Ihres eigenen Unbewussten mit seinen Bildern, Märchen und Assoziationen kennen zu lernen.

Lassen Sie Ihre Intuition und Inspiration zu sich sprechen!

Wenn Sie sich selbst, nicht anderen Interpreten oder vorgefertigten Meinungen vertrauen lernen, wird das Tarot für Sie zur "Quelle innerer Wandlung", ein Zugang zu ihrem „Kanal der Intuition". Zusätzlich werden Sie Teile Ihrer Persönlichkeit entdecken und erstaunt sein, wer und was Sie alles sind. Falls Sie meinen, dass Sie dabei in die Falle Ihrer eigenen Wunschvorstellungen oder Scheuklappen tappen könnten, dann spielen Sie es mit einem Partner.

Immer mehr Menschen spielen heute in aller Welt 'Tarot". Sie ziehen Karten zu den uralten Fragen der Menschheit:

"Wer bin ich - woher komme ich - Wohin gehe ich –
Was liegt an - Was soll ich tun?"

Antwort geben Ihnen Karten, die als ihr Spiegel ebenso uralte Weisheiten über das seelische Innenleben symbolisieren, nämlich die Tarot-Karten. Die Karten bilden dabei den Themeninhalt, der ihr Problem/Frage mit ihnen verbindet, so wie ein Magengeschwür einen Themeninhalt birgt, z.B. übermäßiger Stress, den es anzeigt.

Tarot war ursprünglich in einer reinen Bildersprache abgefasst, und das ist die Sprache, die den tiefsten frühesten Schichten der menschlichen Psyche entspricht und die in uns als kraftvolle Bilder und Mythos im Unbewussten gespeichert sind.

Entwicklungsgeschichtlich liegt sie vor der Entstehung der Wortsprache. Diese Bildersprache ist es, die Tarot zu einem magischen Instrument macht. Denn in allen Menschen - egal, wann und wo sie leben - ruhen dieselben antreibenden Urbilder bzw. Archetypen, die noch heute als Anlagen in der Gesamtheit ihrer Seele angelegt sind und festgelegte Erlebnisweisen und Verhaltensmuster bewirken..

Wer mit diesen Karten therapeutisch arbeiten will, muss nicht deren jahrtausendalte Geschichte kennen und auch nicht alle dahinter verborgenen Symbole und Bedeutungen.

Wertvoll ist es allerdings, sich als Therapeutin oder Therapeut einmal während längerer Zeit in einige der Karten hinein zu versetzen und nur hinzuschauen, sich von Formen, Farben und Anordnungen, Symbolen, Polaritäten, unrealistischen Details ansprechen zu lassen.

Wählen wir einige Karten aus, um die meditative Betrachtung derselben zu verdeutlichen:

Das große Arkanum III, „Die Herrscherin", sitzt in der Mitte des Bildes auf einem purpurroten Sessel, und scheint Würde und Fruchtbarkeit auszudrücken. Sie sitzt am vorderen Rand, und es ist kein Zufall, dass ihr Kleid rote Kreise hat, wie sie auch auf dem Sessel zu finden sind.
In Analogie zum Herzsymbol mit dem Zeichen für Weiblichkeit finden sich auch auf ihrem Kleid Kreise mit einer Art nach unten weisendem Kreuz, das Venussymbol, für die Weiblichkeit stehend, symbolisierend.

Grün kommt als Farbe der Natur nicht nur im Zeichen des weiblichen Symbols auf dem Herzschild vor, sondern zusammen mit Rot - also der Farbe, die den Archetypus der Sinnlichkeit und Sexualität weckt - auch auf ihrem Kleid. Ein grüner Kranz ist auch die Grundlage der Krone, die sie auf dem Kopf trägt.
Die Gestalt wirkt locker, entspannt, aufrecht und offen, was auch in der Haltung ihrer Beine zum Ausdruck kommt. Das reife Korn ist ebenfalls ein Hinweis auf Fruchtbarkeit. Im ganzen Bild wird Üppigkeit ausgedrückt, königliche Gelassenheit und Ruhe. Es wird ein heilsames Gefühl und Gelassenheit erzeugt, dass alles seinen natürlichen Ablauf nach einer höheren Gesetzmäßigkeit nimmt.

All das erweist sich über das therapeutische Arbeiten als heilsame Ressource!

Eine gemäßigte emphatisch empfundene Kraft „strahlt" die Arkana VIII „Die Kraft", aus, vor allem wenn man sieht, wie die Frau den Löwen ohne rohe Gewalteinwirkung bändigt und sanft kontrolliert. Der gezähmt erscheinende Löwe leckt gleichzeitig mit der Zunge ihre Hand. Beide scheinen sich in die Augen zu schauen, sind durch Blick und Bewegung intensiv miteinander über das Symbol der liegenden „Acht" – dem Symbol für gleichberechtigte ausgewogene zuwendende Partnerschaft verbunden.

Wird das Bild längere Zeit betrachtet, kann man auch hier den Eindruck gewinnen, dass der Löwe und die Frau sich harmonisch ergänzend, in einer Art Kräfteaustausch bewegen. Auch dieses Bild ruft als Ressource intensive beim Einlassen resonatorische Gefühle von mäßigender Kraft hervor, die einen Druck von Ungestümtheit, Stress oder Ärger mäßigen kann.

Kleines stichwortartiges Beispiel heilsamer Tarotwirkungen!

Klientin mit Zwangsstörungen kommt nach längerem psychosomatischem Klinikaufenthalt, wo nur medikamentös ruhiggestellt und dann gesprächsorientiert in der Gruppe, wenig Effektivität im Resultat sich zeigte. Sediert mit Medikamenten und wegen Angst- und Panikstörungen, Weinkrämpfen kam sie zu mir.

Hintergrund: Überforderndes perfektionistisches Elternhaus etc.... Arbeitslos nach Zusammenbruch, aber Chef schätzte sie und wollte sie nach Genesung grundsätzlich wieder einstellen. Es folgten klärende Gespräche mit ihr und ihrer Mutter. Innere Kinderarbeit und Katathymes Bilderleben mit Quell- und Baummotiv *(Vgl. Axel Englert: Merlin lebt –BOD Verlag) konnten entlasteten.*

Begleitend dazu lies ich sie eine Tarotkarte für ihre unterstützende psychische Energie ziehen: Die „VIII - Kraft" *(Die blockierende Energie war der Turm (Krise, Zusammenbruch, symbolisch stehend, für ihre Zwangsstörung – Innere Zerrissenheit –mangelnder Halt in sich)*

Ich ließ sie in die Karte sich einfühlen bzw. das Bild imaginativ in sich hineinnehmen. Sie empfand Geborgenheit, Sicherheit beim Streicheln des Löwenmotives. Die Karte gab ihr Halt und Stabilität. Ich ließ sie ein "Selfie" mit ihrem Smartphone machen und eine Farbkopie an ihre Wand zuhause hängen – Es tat ihr beim Betrachten und Hineinfühlen „Gut"!

Mehr und mehr konnte sie in der Zusammenarbeit auch über weitere heilsame Innere Bilder mit der Kabbalistischen Therapie (siehe Seite 66 ff) zu sich selbst finden, so langsam die Medikamente aus eigenem Entschluss ausschleichen und Stabilität erlangen konnte. Zunehmend war sie wieder in der Lage, die Eigenverantwortung über ihr Leben zu übernehmen. Heute arbeitet sie schon wieder halbtägig in ihrer bisherigen Arbeitsstelle!

Aus der Reihe der kleinen Arkana sei als weiteres Beispiel auf die Karte «Ritter der Schwerter» hingewiesen:

Das Vorwärtsdrängen des Ritters wirkt auf die Betrachterinnen und Betrachter mitreißend. Wer sich gefühlsmäßig dem Bild, es längere Zeit betrachtend, emotional sich einfühlend, überlässt, entdeckt, dass das Vorwärtsdrängen in der Balance gehalten wird mit vielen Motiven des Bildes, die senkrecht zur Richtung des Schwertes zeigen.

Das sind zum Beispiel Wolken, Hügel, Bäume, Beine von Ritter und Pferd usw.

Werden beide Bewegungen wahrgenommen, entsteht bei der Betrachtung eine lockere Anspannung in der Muskulatur: Kraft und Durchsetzungswille wird aufgebaut. Dass das Bild nicht «plumpe» Aggression symbolisiert, geht auch daraus hervor, dass der Ritter die Sporen nicht gebraucht, aber ein Gefühl von „Sich stellen, Anpacken" gegen herrschende Resignation hervorruft!

Es würde zu weit gehen, alle 78 Karten zu besprechen. Hinweise werden vom Autor nachfolgend tabellarisch aufgeführt. Dies ist auch nicht nötig, weil jedes Individuum die Karten je nach seinem aktuellen Gemütszustand wieder anders erlebt.

Viele Karten enthalten in sich schon eine Integration von Polaritäten oder stellen auch eine Integration verschiedener Karten dar. Es wird aber beim Anschauen der Tarotkarten schnell verständlich, dass gerade jedes der 78 Bildmotive starke andere heilsame Gefühle und Emotionen ausdrücken, erlebbar machen, durch die Kartenwahl aber auch ein anderes gefühlsmäßiges Erleben stimulieren können.

So können Emotionen, aufgestaute Gefühle einen Weg nach außen finden, besonders wenn die Karten in der Gegenwart einer anderen Person ausgewählt und die darin enthaltene Emotion dadurch offenbart wird. Der Emotionsstau kann dadurch abnehmen.

Der Beginn einer Läuterung (Katharsis) kann dadurch ebenso ein geleitet werden, wie wenn Emotionen selbst bildlich oder mittels Körperausdruck übersetzt werden bzw. Heilende Emotionen aus dem Inneren hochsteigen lassen..

Damit will ich nicht sagen, dass dabei die gleiche Intensität vorhanden ist und dass dieses kreative Medium der Karten immer auch dort eingesetzt werden kann, wo körperlicher, stimmlicher oder ein anderer Sinnesausdruck erfolgen könnte. Die Indikationsstellung muss im Einzelfall gut abgewogen werden.

Karten können aber auch die Neuorientierung verbessern helfen.

Wie dies geschieht, wird weiter im Nachfolgenden beschrieben!

Übersicht über die großen Arkana:
(Zitiert aus dem A.E. Waite Tarotspiel Königs- Furt Verlag)

Die Heldenreise in den Tarotkarten

Gezielte therapeutische Fragen an die Karten (den eigenen Spiegel!) helfen dem Klienten weiter. Dabei kann der Klient jederzeit die generelle und immer richtige Frage stellen:

- „Was kann ich von dir für mein Leben lernen?
- „Welche Thematik steckt hinter meiner Problematik oder augenblicklicher Situation"
- „Was habe ich zu lernen – Was hilft mir weiter"
- „Ergebnis – Was ergibt sich daraus!"
- Welche stabilisierende emotionale Eindrücke eröffnen meiner Persönlichkeit heilsame Wirkungen

Darüber hinaus hat aber jede Karte bestimmte Merkmale und Eigenarten, die sie vielleicht erfragen möchten und deren emotionale Zustände jeder auf seiner Lebensreise wieder erkennt.

Die nachstehende Beispielliste, auch als Frage- und Zugangshilfen für die Therapeuten gedacht, zeigt ihnen bzw. den Klienten die Lernaufgaben aus der Weisheit des Unbewussten, die hinter schmerzhaften festgefahrenen Lebenssituationen oder Krankheiten stehen und Handlungs- oder Therapiebedarf fordern:

0. Der Narr: „Ich bin die Leichtigkeit und öffne mich dem Leben"

Bin ich zu angepasst – Worin besteht meine ureigene Originalität? Auf welche Weise bin ich närrisch? Worauf muss ich vertrauen? Wie kann ich spontaner und fröhlicher leben? Wo muss ich mehr Originalität einbringen? Wo bleibt das Unbeschwerte, das Kind in mir, die Verliebtheit, Spontaneität, Offenheit für neue Erfahrungen

I. Der Magier: „Ich bin einzigartig und lebenswert"

Wo liegt meine eigene, persönliche Fähigkeit? Dranbleiben!
Wie kann ich sie bündeln und zielgerichtet einsetzen?
Ich schaffe es, Sicherheit, Erfolgskarte, Wille, Energisch, Neuer Anlauf- Wie gehe ich mit persönlicher Macht um.

II. Die Hohepriesterin: „Ich bin geborgen und sicher"

Welche Rolle spielen mehr Innehalten, Stille und Ruhe?
Welche Fragen muss ich stellen, um mich selbst kennen zu lernen? Wie komme ich nach innen? Was wollen mir meine Träume und meine Intuition sagen? Das Unbewusste, Irrational, alogisch, innere Stimme, Vorahnung, Intuition, Welche Bilder und Gefühle tauchen oft aus meinem Inneren auf. Wie steht es um Flexibilität, Anpassungsfähigkeit?- Warten können?

III. Die Herrscherin: „Ich bin es wert, beschenkt zu werden""

Was bedeutet es, in meinem Leben „Lebensqualität" zu haben. Was ist in meinem Leben reich und üppig? Was umgibt mich körperlich? Was will sich durch mich kreativen Ausdruck verschaffen? Kann ich zu meinem Geldwert stehen. Kreative schöpferische Kraft, Fülle, Neue Impulse in Leben lassen

IV. Der Herrscher: Mantra: „„Ich bin kompetent und fähig"

Wie gehe ich mit Stabilität und Sicherheit um- Wo liegt meine Macht? - Eigene Autorität und Kompetenz anerkennen? Wie habe ich mich entschieden, meine Energien auszurichten? - Sache selbst in die Hand nehmen, Ordnung und Stabilität ins Leben bringen - Stand haben, Selbständig handeln können oder ist das Leben durch Schwäche und Unreife geprägt? rational-logisch, Welcher Stellenwert hat der Leistungsgedanke?

V. Der Hierophant: „Ich bin die Weisheit und Essenz meiner Erfahrungen".
Auf welche Werte gründe ich meine Entscheidungen? Was habe ich zu lernen? Welche Überzeugungen muss ich in Frage stellen? Wie kann ich lernen und mich weiter bilden? Dinge wachsen lassen können, Prüfung, Langsame Entwicklung, Dauer, Weiterbildung, Erfahrung sammeln.

VI. Die Liebenden: „Ich bin erwünscht"
Wie kann ich mich öffnen und der Liebe und Nähe zulassen? Welche Entscheidungen habe ich zu treffen? Wie kann ich andere so annehmen, wie sie sind? Was wünsche ich mir und was brauche ich in meinen Verbindungen? In Beziehung, Partner, Freundschaft, einlassen und vertiefen können, Sexualität, Entscheidungsfähigkeit? Feste Partnerschaft, Liebschaft, Themen von Hass, Untreue, Trennung ansprechen.

VII. Der Wagen: „Ich bin der Meister meines Lebens"

Welche Energien muss ich einspannen, damit ich mein Ziel erreiche? Wohin gehe ich? Wie kann ich meine Instinkte im Zaum und mich selbst im Gleichgewicht halten? Berufskarte, Erfolgreich geht es weiter, erfolgreiche Verwirklichung in jedem Bereich- Etwas wagen können?

VIII. Kraft: „Ich bin Kraft und Stärke"

Problem: Schwäche, Angst, Gewalt, Wut – Toleranz und Verständnis - Wo liegt meine Kraft? Wobei kann ich sie nutzen? Wie kann ich Macht und Liebe ins Gleichgewicht bringen und wie kann ich meine Kraft liebevoll ausdrücken? Kann ich umsichtig und ausgewogen handeln? Wie stelle ich mich zu meinen Begierden? Kraft, Energie, Vertrauen in Stärke, Mut

IX. Der Eremit: „Ich bin die Kraft der Klarheit"

Problem: Sturheit, Unreife, Lethargie, Vereinsamung, im Dunkeln tappend - Wonach suche ich? Wo sollte ich suchen? Wie kann ich meinem eigenen Weg folgen? Die Einsamkeit, Einsichtigkeit, ein Licht geht auf, Durchblick, ein Stadium durchlaufend, um sich zu finden, in einem Prozess seiend, Ein Licht geht auf - Durchblicken/ Klugheit - mit sich selbst beschäftigt

X. Rad des Schicksals: Ich bin im Fluss meines Lebens".

Problem: Was verändert sich, und wie kann ich diese Veränderungen am besten handhaben? Wie kann ich meine Perspektive ändern? Wie kann ich meine Mitte finden und mich von dem äußeren Auf und Ab freimachen? Zweifel, Schicksalsschläge, Unsicherheit - warten, bis Zweifel weg sind, Veränderung, Sich fügen- Wie auf den Punkt bringen?

XI. Gerechtigkeit: „Ich bin die Kraft des Ausgleichs"

Problem: Was muss ausgesöhnt oder ausgeglichen werden? Wo bedarf es eines Ausgleichs? Auf welcher Grundlage kann ich mir ein Urteil bilden oder einen Wert ermessen? Wie kann ich zu mir selbst ehrlich sein? Urteil, Gerechtigkeit, Sich ungerecht behandelt fühlend, Vorurteile, Unkritisches Rollenverhalten?

XII. Der Gehängte: „Ich bin die Kraft der Veränderung -
Ich lasse **Seine** Realität geschehen".

Problem: Langeweile, Illusion, Verzweiflung, blickt nicht mehr durch? Was lässt mich hängen oder wo bin ich in der Schwebe? Was muss ich von einem anderen Gesichtspunkt aus betrachten? Wem oder welcher Erfahrung muss ich mich überlassen?
Alles immer kritisch sehen – Krisen und Befürchtungshaltungen
Wo muss ich bescheiden sein? Veränderung ist zweckmäßig, der Wechsel, auch von Ansichten muss, soll, will, kann sein, es verändert sich etwas z.B. Umzug, - Unordnung wird geschaffen, damit eine neue Ordnung entsteht, ohne Veränderung gleich Still-stand

XIII. Tod: „Ich schließe das Tor zu meiner Vergangenheit und bin einverstanden".

Problem: Panik, Todesangst - Wovon muss ich mich trennen, um aufs Neue zu wachsen! Wie kann ich mich von unnötigen Verhaltensmustern lösen? Wovon wird mich das Loslassen befreien? Welche Klärung ist notwendig, wo ein Neuanfang, Wohin gehe ich von hier? Der Abschluss, Absterben, Klärung, Ende, Etwas ist abgeschlossen, hinter sich lassen, Etwas ruhen lassen.

XVI. Mäßigkeit: „Ich bin die Kraft der Harmonie - „Ich bin wie Innen, so Außen".

Problem: Was muss ich miteinander mischen? Wie kann ich mein Interesse wiedererwecken und meinen Geist verjüngen? Wie kann ich meine Energien und Heilkräfte zum Fließen bringen? Innere Ausgeglichenheit finden, Gedanken machen, wie mache ich das, Gedanken und Tun in Übereinstimmung bringen, Für sich selbst etwas tun, nicht das was andere erwarten.

XV. Der Teufel: „Ich bin frei von allen Zwängen!"
„Es muss gar nichts sein!"

Problem: Welchen Begierden laufe ich nach? Was hasse oder fürchte ich? Woran fesseln mich meine Gefühle? Wie kann ich mich aus diesen Fesseln lösen? Welche Art von Wissen wird mein Denken freimachen? Eifersucht, Beeinflussung von außen und innen, Gebundenheit an eine belastende Situation, jemand der in eine Partnerschaft hineinplatzt, Nicht so können, wie man mag.

XVI. Der Turm: „Ich bin der Phönix aus der Asche –
Ich bin die Tür zu meiner unbelasteten Zukunft"

Wie kann ich meine Wut und meine Aggressionen ausdrücken? Was muss ich tun, um aus der Beengtheit auszubrechen? Welche eigenen Mauern habe ich aufgebaut? Was muss in meinem Leben befreit werden? Zerstörung, Streitigkeiten, Schwierigkeiten in finanzieller oder privater Hinsicht/ Gefühle werden verletzt durch selbst oder andere – Stress? – Warum immer Befürchtungen

XVII. Der Stern: „Ich bin Glaube, Hoffnung und Zuversicht"

Problem: Verhalten, Gefühle sind nicht echt, vorgetäuscht, Verhärtung, Verbitterung, Wie komme ich zu größerer geistiger Tiefe? Was bringt mir die Hoffnung? Wie kann ich meine Träume wahr werden lassen? Was macht mich wirklich frei? Klarheit, Vertrauen, Glaube/ ~ von innen echt?

XVIII. Der Mond: „ *Ich schaffe Klarheit in meinem Leben*"

Problem: Trennungsgedanken, Ängste, Zwiespalt, Trennung von Ängsten? / Trennungsgedanken, Fordert zum Handeln auf!
Was muss ich aus meinen Enttäuschungen noch verdauen, um weiter zu kommen? Was ist zwiespältig, voller Zweifel/Trugbilder,

XIX. Die Sonne: *„Ich bin stolz auf mich"*

Problem: Eitelkeit, Protz, Selbstüberheblichkeit, Egoismus. Wo kann ich meine Fröhlichkeit finden? Wie kann ich Glück und Liebe erleben? Was kommt zum Vorschein, wenn ich mich selbst vorbehaltlos öffne? Feste Partnerschaft, Lebensfreude, das Helle, Optimismus- Stolz auf sich selbst sein.

XX. Gericht: „Ich bin der jüngste Tag in meinem Leben mit „Hohem Mut"

Problem: Verzögerung, kommt im Leben nicht weiter, Keine bessere Lebensqualität, Was verlangt der Sinn meines Lebens von mir? Was muss in meinem Leben wieder auferstehen? Neuer Lebensabschnitt, der beginnt oder begonnen hat, symbolisiert Neubeginn, Auferstehung, Erkenntnis, Offenbarung, andere neue qualitative Verhaltensweisen, Einstellungen leben, aufwachen, Neues kündigt sich an, nicht so weiterleben wie bisher/Besserer Zustand.

XXI. Die Welt: „Ich bin die unbegrenzte Fülle meines Seins- Ich bin „Alles, was ist"

Problem: Auf der Stelle treten!?? Ode sich „Frei" mit Zuversicht fühlen? Wo liegen meine Möglichkeiten zur Verwirklichung? Wie kann ich Freiheit im Rahmen einer Ordnung ausleben? Wie kann ich an meinen Begrenzungen tanzen? Was ist das Ganze, von dem ich ein Teil bin? Glück, Sicherheit, Alle Wege stehen offen, Es fließt/ Welche Möglichkeiten eröffnen sich?

Quantentherapeutisches Arbeiten mit „offenen Karten"

Das wohl auffälligste Merkmal ist, dass man Tarot-Karten nicht nur als Wahrsageinstrument, sondern auch therapeutisch mit offenen Karten nutzen kann. Auf diese offene Art, ohne festgelegte Interpretationen kann der Mensch in eine erregende Art in Resonanz mit den Tiefen seiner Seele kommen und sich über seine emotionalen Muster und Blockaden klar werden.

Beim *Arbeiten mit „offenen" ausgelegten Karten* - im psychotherapeutischen Sinn, wie ich spezielle das Rider-Waite-Tarot verwende, kann sehr gezielt und psychologisch weitreichend mit Tarot-Karten umgegangen werden.

Dabei wird der/die KlientIN vor der therapeutischen Arbeit angehalten, sich zu entspannen, zu sich selbst zurückzukehren. Wer gelernt hat zu meditieren, kann auf seine Ein- und Ausatembewegungen im Bauchraum achten.

Anschließend begibt sich die/der Betreffende in denjenigen Zustand, den sie/er beklagt, handelt es sich nun um einen aktuellen Konflikt im beruflichen, sozialen Bereich oder um einen Gefühlskonflikt, eine eigene Stimmung, die er nicht schätzt, die er verändern möchte. Wenn nach dem Einfühlen in diesen *ungewünschten* Zustand (Ist-Zustand) die konflikthafte Situation, die problematische Szene wieder vor dem inneren Auge und im Gefühl erscheint, wird sie/er gebeten, nun die vor ihr/ihm ausgebreiteten 78 Karten der Reihe nach langsam zu betrachten!

Sie oder er kann sich Zeit lassen, um meditativ spüren zu können, welche Karte das, was sie/er selbst eben gefühlt hat, am besten auszudrücken vermag.

Anschließend wird im gleichen Sinn eine zweite Karte gewählt mit dem Thema:

Was bzw. welche Energie fördert?

Die Klientin/der Klient legt dann die, bis zu drei gewählten Karten der Reihe nach vor sich hin.

Die Therapeutin gibt die obengenannten Anweisungen und unterstützt - wenn nötig, diesen Spür- und Auswahlprozeß.

Dies kann zum Beispiel mit den Worten geschehen:

"Versuchen Sie, ganz mit Ihrem Bauch oder Herzen hin zu spüren und sich dabei möglichst wenige Überlegungen zu machen. Folgen Sie, wenn möglich, einem ersten inneren Impuls, und wägen Sie nicht allzu lange ab. Wenn Sie im Zweifel sind, ob die eine oder die andere Karte Ihren emotionalen Gefühls- oder Situationszustand/ Glaubenssatz besser ausdrückt, wählen Sie einfach eine oder nehmen Sie beide aus der Kartenauslage heraus."

Nachdem die Karten gewählt sind, verhilft die Therapeutin dem/der Klienten/in erneut mittels der ausgesuchten Karten den erspürten Ist-Zustand nochmals zu verdeutlichen. Man kann dies tun, indem zum Beispiel gefragt wird:

„Was löst diese Karte nun in Ihnen aus, wenn sie so vor Ihnen liegt?"

Bei der Verwendung der Karten im eigenen Kämmerlein fragt man sich entsprechend selbst:

„Was wird gespürt ich, wenn ich diese Karte(n) auf mich wirken lasse, und was wird mir gefühlsmäßig deutlicher?" Welcher Glaubenssatz taucht intuitiv auf, der mein inneres Kind blockiert oder belastet?

Als Therapeut/in kann man Aussagen der Klienten verdeutlichen und ihren Gefühlsgehalt erhöhen durch Wiederholen dessen, was sie sagen, stärkerem Betonen dessen, was sie sagen, oder indem man die Kernaussage noch deutlicher verbalisiert.

Genau dasselbe geschieht nun mit der zweiten Karte: Was fördert?

Eintauchen bzw. einfühlen in das Bild – Förderliche Energie spüren. Dies dauert so lange, bis das Vollbild des unerwünschten oder nicht mehr gewünschten emotional erfüllenden Ist-Zustandes gefühlsmäßig erneut entstanden ist.

Zum Schluss sollte dann ein „Ich Bin" Satz auftauchen, der zu dem Bild passt z.B. Ich bin erwünscht, Ich bin stolz auf mich – Ich bin sicher und gebogen, Ich bin diese Kraft, diese Stärke etc…

Glaubenssatz mit dem neuen Gefühl tief einatmen lassen und so ankern!

Sie ruft die gewünschte Heilungs~ bzw. Resonanzenergie hervor!

Anwendungen in der TAROT - Quantentherapie

Fassen wir zunächst den psychotherapeutischen Arbeits- bzw. Therapieprozesses mit der Anwendung der „Rider-Waite-Tarot"-Karten zusammen:

1. Innere Sammlung, über bewusstes weites, behutsames Atmen in den Bauchraum, den „Inneren Bildschirm"

2. Einfühlen in die aktuelle belastende Situation

3. Den 78 ausgelegten Karten zuwenden.
   Für den therapeutischen Einsteiger reichen auch die **22 „Großen Arkana"**.
   (Karten mit römischen Ziffern = Um „Was geht es" Lebensthemen) die eigentlichen alle Stationen des menschlichen Lebens beschreiben. Die restlichen 56 Kleinen Arkana differenzieren und erläutern die Großen Arkana in ihren Themen mit ihrem „Wie")

4. Aufmerksamkeit des Ist - Zustand durch bewusste Fokussierung prägnanter machen. (Glaubenssätze!)

5. Karte gemäß Ist- bzw. „Was blockiert" -Zustand wählen.
   (Nicht mehr wählen, sonst gibt es Deutungsinflationen!)

6. Ist-Zustand durch gewählte Karten erlebnismäßig vertiefen, betroffene Gefühle stärker machen und durch auftauchende verbundene Erlebnisse und Glaubenssätze besonders aus der Kindheit besprechen.

7. Gewählte Karte mit der „Förderlichen Energie" ziehen und erspüren lassen.

8. Soll- oder gewünschter (Ideal-) Zustand verdeutlichen und verankern (zum Beispiel also visuell, akustisch mit dem dazu passsenden Glaubenssatz, oder über bekannte Situationen aus der Vergangenheit. (siehe folgende Seiten.)

Hat das Vergegenwärtigen und Erspüren des ungewünschten Zustandes einen Höhepunkt erreicht, gilt es, sich den gewünschten Zustand vorzustellen, sich in ihn einfühlend zu erfassen.

Dies kann über die Phantasie, als auch über eine entsprechende Körperhaltung, die Person(en) auf der gezogenen Karte nachahmend usw. geschehen.

Dann geht es darum, in das volle Erleben dieser Karte hinein zugelangen bzw. mit verschiedenen emotionalen Geschehnissen im betreffenden Leben des Klienten zu verbinden. Dabei tauchen meist verinnerlichte negative Glaubenssätze auf!

Besonders das nachfolgende gewünschte Erleben möchten wir auch im Gedächtnis mit der zugehörigen Emotion verankern. Dies kann durch ein bestimmtes Ritual geschehen, durch eine Musik oder einen Duft, der dem Betreffenden zur Karte passend erscheint, oder indem eine Körperhaltung dafür gesucht wird.

Die Anerkennung führt dann zu einer Veränderung der resonatorischen Ausstrahlung im Erleben, die dann in harmonische Lebenssituationen in Resonanz gehen kann. Wie bei einem Radiosender wird im Klient/In die Frequenz gewechselt, die dadurch andere Zuhören im Außen anzieht! Erinnert sei in diesem Zusammenhang wieder an das „Hermetische Gesetz der Anziehung und Resonanz":

„Wie innen, so außen – Gleiches zieht Gleiches an!"

Vielleicht ist es auch so, dass der Ideal-Zustand zu «ideal» gewählt wurde und zwischen dem Ist-Zustand und ihm ein derart großer Zwiespalt klafft, dass Bemühungen, danach zu leben, durch innere Schwäche oder Zweifel ohnehin zum Scheitern verurteilt sind. Dann geht es darum, Brücken zu schlagen.

Dazu können erste *Zwischenschritte* herausgearbeitet werden die mit oben wahrgenommenen Sinneseindrücken wieder verankert werden können.

Folgende Fragen sind für den Verankerungs- beziehungsweise den Neuorientierungsprozess sehr hilfreich:

Welche Art von Denken herrscht im Soll-Zustand vor?

(Negatives, optimistisches, beziehungs- oder sachbezogenes, vergangenheits- oder zukunftsorientiertes Denken usw.)

1. Wie wird gehandelt, das heißt, welche Tätigkeiten, Verhalten entsprechen dem Soll-Zustand?
2. Welche Farbe(n), welche Musik, Empfindungen passen zum Soll-Zustand?
3. Wie zeigt sich im Soll-Zustand der Umgang mit den Mitmenschen, der Umgebung, im sozialen Umfeld und den damit verbundenen Emotionen?
4. Eine „Aufstellungsarbeit" über die gezogenen Karten sich stellend, verankert den Soll –Zustand sehr effektiv!

Der/die Klient/in gibt sich selbst Antworten, wie sich der Soll-Zustand konkret ausdrücken kann und was sie/er unternehmen kann, um dem Soll-Zustand näher zu kommen. Oft realisiert er oder sie erst in diesem Moment, wie viele Tätigkeiten aus seinem bisherigen Ist-Zustand das Befinden verschlechtern, zum Beispiel pessimistisches Denken, Befürchtungen, destruktives Verhalten, Resignation, Sinnlosigkeit, Suchtprobleme usw.

Zum Schluss empfiehlt es sich, die Karten des Soll-Zustandes farbig auf ein Blatt zu scannen/kopieren und sie der Klient/In beziehungsweise dem Klienten nach Hause mitzugeben, damit sie/er dieses aufhängen kann und dadurch täglich an die im Zusammenhang mit den besprochenen Karten festgelegten Vorgehensweisen erinnert wird und in Resonanz mit aufbauender psychischer Energie gehen kann.

Auf ein weiteres Blatt können auch die Karten des Ist-Zustandes kopiert werden, wenn dies für den Neuorientierungsprozess von Interesse ist.

Als wichtige Indikation (Anwendungsbereich) gelten alle Gefühlszustände, die unerwünscht erscheinen und deren Veränderung angestrebt wird. Dazu gehören depressive, ängstliche, gereizte überschießende *Verstimmungen.*

Im Verlaufe eines Therapieprozesses können mit den Rider-Waite-Tarot-Karten auch *Standortbestimmungen* angeregt oder konkrete Perspektiven im *Persönlichkeitswachstum angestoßen werden*

Grundvoraussetzung für die Arbeit mit den Karten ist allerdings, dass der Klient sich als „berührbar", die Fähigkeit zur Emotionalisierung seines Erlebens aufweist bzw. ein Gefühlspanzer mit eingefrorener Empfindungsfähigkeit die Arbeit mit den Bildern nicht von vorne herein sabotiert.

Wenn diese Voraussetzungen gegeben sind, dann kann man insbesonders mit chronischen Schmerz- und Verstimmungszustände und Beziehungsstörungen, auch zum Beispiel Suchtprobleme gut aufarbeiten, für den Klienten neue Richtungen des Erlebens festlegen und diese aus der scheinbaren Ausweglosigkeit hinausführen.

Selbstverständlich können die betreffenden Personen ihre Gefühle in der Kartenarbeit über Ausdrucksmalen auch selbst zeichnen und mit ihren Zeichnungen weiterarbeiten. Viele haben aber Widerstände, selbst etwas zu malen, zu zeichnen. Es fällt ihnen dann leichter, zunächst mit den Karten, mit bereits vorgegebenen Bildern zu arbeiten. So kann die Arbeit mit den Tarot-Karten auch ein Einstieg zu eigenen zeichnerischen Darstellungen sein.

Arbeit mit den vier kabbalistischen Grundmotiven

Eine weitere Methode zur ganzheitlichen Heilungsarbeit mit den Katen ist der Umgang mit den vier „magischen" Werkzeugen des Tarots, die auf jedem Bild zu sehen sind!

(Siehe „Magie: Pers: „mag" – mit Spiegel = auf geistiger Ebene arbeiten geistig arbeiten – schon die alten Babylonier kannten das Spiegelgesetz: Wie innen-so außen! unter dem Namen – „menog" -) Prinzipien!

Stäbe - Erzengel „Michael" (Feuer – Antrieb - Rot)

Affirmation: „*Ich bin stärker als jede Angst und Herausforderung! Ich bin die unbegrenzte Kraft!*"

Kelche - Erzengel „Gabriel" (Wasser – Gefühl- Dunkelblau),

Affirmation: „Ich bin mein unbegrenzter Glaube durch mein Vertrauen zu mir - Ich bin Zuversicht und Geborgenheit!"

Schwerter Erzengel „Raphael" (Luft – Denken, Verstand, Entscheidung - Hellblau)

Affirmation: „Ich bin die Kraft –ich bin die Stäke –Ich bin die Wahrheit meines Seins"

Scheiben - Erzengel „Uriel" (Erde – Umgang mit~ / -Verwirklichung- Braun)

Affirmation: „Ich bin der Meister meines Lebens - Ich bin sicher – und getragen" von meinen Lebensumständen.

Diese „Werkzeuge" stehen stellvertretend für die archetypischen Grund- bzw. Antriebskräfte im Menschen und ermöglichen als energiegeladene Symbole den Kontakt mit dem Selbst, der Seele in uns, was allgemein ja als Intuition bezeichnet wird! Der Mensch, der auf der geistigen, visualisierenden Ebene arbeitet, also mit psychischen Energien, wird „Magier" genannt. Je mehr der „Magische Arbeiter" mit diesen inneren Bildern arbeitet, desto größer werden der Druck und die Kraft, die sich hinter einem einzelnen Symbol, wie die „magischen Waffen" es sind, sammelt und in Resonanz mit der inneren Kraft der Psyche geht.

Die Kombination von Gedanke, Wort, Gefühl und Bild und Tat haben immer die größte Wirkung!

Dabei sei auf die Erkenntnis von C.G. Jung hingewiesen, dass wirkliche ganzheitliche Heilungserfolge, ein harmonisches Leben nur im Gleichklang von Intuition, Denken, Fühlen, und handeln erfolgen kann.

Wenn der „Magier"/ Symboltherapeut, bzw. Klient *(der über innere Bilder arbeitet)*, z.b. einen Stab in seiner Vorstellung sowie imaginär als auch auch real „hoch" hält, so ist das für sein Unbewusstes ein Signal, all die entsprechende psychische Qualität, die mit dem Stab verbunden sind, freizusetzen und in dessen Psyche einströmen zu lassen.

Hier der Dreiklang nach C.G. Jung:

- **Die Empfindung (das Greifbare, Materielle) stellt fest, was tatsächlich vorhanden ist.**
- **Das Denken ermöglicht uns zu erkennen, was das Vorhandene bedeutet,**
- **Das Gefühl, was es wert ist (individuelles Werturteil)**
- **und die Intuition schließlich weist objektiv auf die Möglichkeiten des Woher und Wohin, die im gegenwärtig Vorhandenen liegen.**

Heilung erfolgt demnach,

- **wenn intensiv mit dem, aus dem Inneren auftauchenden Bild, sprich Intuition,**
- **dem damit vermittelten aufbauenden lösenden Gefühl,**
- **und dem Verstand, sprich Erkennen mit dem entsprechenden anerkennenden „Ich bin" Glaubenssatz, der die negative Programmierung relativieren soll gearbeitet wird!**

Wie wird nun mit diesen Werkzeugen für den Gleichklang unter Einbindung der Intuition gearbeitet?

Arbeit mit den „Einzelzahlen" als Quantenkabbalistische Kräfte

Hinter den Zahlen bzw. Archetypen verbergen sich die astrologisch/ kabbalistischen Symbole:

„1"- Pluto, „2"- Neptun, „3"-Uranus, „4" -Saturn, „5" -Jupiter, „6" -Mars, „7" -Sonne, „8" -Venus, „9" -Merkur, „0"- Mond.

„1" Pluto, steht für:

Harmonie mit Gott, ICH BIN; Wissen um Führung; das Bedürfnis, geistig zu sein, Zielformulierung, die Kollektivmacht, die unsichtbare Macht, Bewusste Individualität (Selbst!), Persönlichkeit, das innere Leitbild, Motivationskraft, das Gestaltumwandelnde, Tod als Wandlung und Übergang - „Geistwillel", aber auch als Ego, negativ gebraucht = überzogener eigener Wille - Sturheit.
(Zusammenfassend steht die „1" für den Punkt und für das „Stirb- und Werde-Prinzip")

„ 2" Neptun, steht für:

Intuitive Verbundenheit mit der Seele, Glaube an sich, an seine Visionen glauben. Ver-„zwei"-flung, Phantasiereichtum, die Fähigkeit zur Inspiration, Identifikation, Phantasie; Sensibilität, Theorie, d.h. geistige Gestaltung, Unterscheidungsvermögen, Empfänglichkeit, Mystik, aber auch Hang zur Halluzination, Illusion, Lüge, Geistigkeit, Weltflucht noch ohne Form und Grenzen. *(Zusammenfassend steht die „2" für die LINIE (Polarität)*

„3" Uranus, steht für:

Erkenntnis, Impuls zur Unterscheidung; Anderssein; Ursache der Veränderung, das Umschwung bewirkende, den Tatimpuls, Intuition, Fähigkeit zur Initiative, Entschlussfähigkeit, Entscheidungsvermögen, Reform, Neigung zur Spontaneität, zu Neuem, zu Umwälzungen, zur Eigenwilligkeit, aber auch zu Schwärmerei und Unberechenbarkeit. *(Zusammenfassend steht die „3" für das polaritätsübergreifende DREIECK)*

4" Saturn astrologisch das Elternhaus, steht für:

das Grenzen setzende, eine Form bekommen; Stabilität, Konzentration, Ausdauer, Geduld, Festigkeit, Realisierungs-vermögen, Abgrenzung, „kleine Ordnung", Gesetz und Recht, Erziehung, daher auch Gewissenhaftigkeit und Zuverlässigkeit, aber auch Reduktion auf das Notwendige, Erstarrung, Kargheit, Geiz. (Zusammenfassend steht die „4" für das „In-Erscheinung-Treten" Form und QUADRAT)

„5" Jupiter steht für:

Organisationstalent, Gestaltungsfähigkeit, „große Ordnung", Ethik, Wertbewußtsein, Streben nach Erfolg und Glück, Gesetzmäßigkeiten in einem größeren Zusammenhang, Expansion, Freiheitsliebe, Weisheit, Güte, Religion, Priesteramt, Hilfsbereitschaft, das „Sinngebende", innere und äußere Reisen, aber auch für Scheinheiligkeit, Prahlerei, Intoleranz und Überheblichkeit.
Zusammenfassend steht die „5" für die PYRAMIDE, den Fünfstern, griechisch Pentagramm (keltisch Drudenfuß);

„6" Mars steht für:

das formschaffende Prinzip, Materie, kämpferisches Verhalten, Energiepol = Kraftpol, Dynamik, Durchsetzung; Sexualität als körperlicher Akt, aber auch: „mit dem Kopf durch die Wand gehen", Ungeduld, Aggression, Gewalttätigkeit.

„7" Sonne astrologisch der Vater, steht für:

Erkenntnis der Einzigartigkeit in der Materie; das Lebensschöpferische, d.h. Drang zu höherer Lebensqualität, den Wesenskern = das Persönlichkeitszentrum, Ich-Bewusstsein = Selbstbewusstsein, Kreativität, Praxis, Gefühl für Rhythmik, Lebensfreude, Selbstverwirklichung, aber auch: Überheblichkeit, Prachtliebe, Stolz, Arroganz.

„8" Venus steht für:

Selbstwertgefühl; Veredlung der Materie, das Ästhetische, Harmonie, Liebe, Kunst, Schwingung, Fähigkeit zum Ausgleich, Drang zur Zärtlichkeit, Erotik, Sinnlichkeit, Geselligkeit, aber auch: Entschlusslosigkeit, schlecht integriertes Selbstwertgefühl,, Passivität, Faulheit, Verwöhnanspruch.

„9" Merkur steht für:

Beweglich flexibler Umgang mit Regeln - Intelligenz, grundsätzliche Neugestaltung; Umgestaltung; Mitteilung, Kommunikation, Handel, Verhandlung, das Geschäftliche Verstand, Vermittlungs- und Ausdrucksfähigkeit, Fingerfertigkeit (Tastsinn), Handwerk, die Zahl 9 symbolisiert das formauflösende Prinzip; Analyse, Kritik, steht aber auch für: Neugier, Oberflächlichkeit und Kritiksucht.,
„9" steht für Bewegung (Wirbelstürme, Spielzeug-kreisel) - „Alles fließt" (Heraklit)

„0" Mond, astrologisch die Mutter, steht für:

alle Möglichkeiten stehen offen, Rückkehr zu sich selbst; Vollendung, ebenso für Chaos, Friede, Geduld, Neuschöpfung; das Gefühl (Sanftmut, Mütterlichkeit), das Traumhafte, Instinkte (das vegetative Leben), Licht und Schatten in einem, zwingende geistige, nach innen gerichtete Wandlung, Meditation;
aber auch: Weltflucht, Verletzlichkeit, Introversion, „Existenzkampf"

Schlüsselstichworte zu den Archetypen/Sephira

*(Vgl. Hajo Banzhaf, Schlüsselworte zur Astrologie, Kailash Verlag * H. Meyer, Astrologie u. Psychologie, ro-ro-ro)*

Sonne (7)	Mond (0)	Merkur (9)	Venus (8)	Mars (6)	Jupiter (5)	Saturn (4)	Uranus (3)	Neptun (2)	Pluto (1)
				LUZIFERISCH					
Wesen/Zentrum Leben	Gefühl/Gemüt	Verstand/Idee Gedanken	Beziehung Geselligkeit	Kampf /Krieg	Glaube/Ideal	Grenze/ Form/Tod	Freiheit/Blitz Geistes ~	Traum/ Trance/	Geistiges Ziel
Ichbewusstsein	Zugehörig/ Sozial	Scharfsinn	Kunst/Stil	Sexualität	Erweitern	Struktur/ Enge	Utopie	Sehnsucht	Macht, Geistige~
Wille	Fürsorge	Analyse	Balance	Gewalt	Expansion	Pflicht	Unabhängigkeit	Medial	Magie
Vitalität	Beeindrucken	Lernen/Lehren	Geschmack	Erobern	Werte	Tradition	Distanz	Helfer	Heilen/ Hypnose
Entfaltung	Fühlen	Kombinieren	Liebe sinnl.	Eindringen	Sinn/Bildung	Askese	Umbruch/ Neu	Grenzenlos	Schatten
Vater	Mütterlich	Theorie/Logik	Erotik/Lust	Wettkampf	Reichtum	Verzicht	Entbindung	Weich	Transformation
Souveränität Selbständig	Warten/ Hingabe	Ausdruck	Anmut / Verführung	Durchsetzen	Vertrauen	Nüchtern/ Ernst	Revolutionär	Auflösen	Regeneration
Anspruch	Instinkt	Intellekt	Hingabe	Vorantreiben	Wachstum	Standard	Exzentrisch	Empfänglich	Umgestaltung
Ausstrahlung	Prägung/Traum	Berechnen (d!)	Schönheit	Potenz	Gerechtigkeit	Erfahrung	Individuell	Übersinnlich	Macht nutzen
Grossmut	Affekt	Taktieren	Austausch	Dynamik	Überzeugung	Demut	Originell	Medialität	Intensivierung
Koordination	Geborgenheit Innigkeit	List	Harmonie	Tatkraft	Großzügigkeit	Realität/ Härte	Elektrisch/ Spannung	Unfaßbar	Leidenschaftlich
Lebenslust	Anpassung	Struktur	Charme/ Anmut	Wagemut/ Kühnheit	Weite	Verant- wortung	Antiautoritär	Schwärmen	Autorität
Gestaltungswille	Heimat	Erfinden	Geldwert	Anfang	Güte	Ritual	Ausstieg	Phantasie	
Selbstbewusst	Zärtlich sorgend	Gliedern	Selbstwert		Ethik/Religio	Demut	Einfall	Einssein	
	Zufriedenheit		Verbunden heit		Üppigkeit	Ehrgeiz	Brüderlich	Geschehen lassen	
	Einfühlung		Geliebte			Konzentriert		Vertrauen	

	Satanisch		Diabolisch		Polarisierend		Trennend		
Überheblichkeit	Melancholie	Kritiksucht	Faulheit	Zorn/Wut	Intoleranz/Inquisitionär	Schuldgefühle	Trotz/Revolution	Sucht/Rausch	Geistiges Ziel/Ideologie
Egozentrik	Passivität	Technokrat	Genusssucht	Aggression	Günstling	Patriarch/Struktur	Unverbindlich	Illusion/Täuschung	Macht, geistige Unterdrückung
Eitelkeit	Introversion	verkopft	Hamstern	Krieg/Streit	Mittelpunkt durch Leistung stehen	Stagnation Erstarrung/Härte	Unruhestifter/Querrtreiber	Auflösend/Unordnung	Magie Heilen/Hypnose
Prahlen	Kindrolle	Intrige	Verweiblicht	Erobern	Wichtigkeit d. Vatergehabe	Trägheit/Konservativ	Extrem/Ausstieg	Hilflos/Unfaßbar	
Mittelpunktsstreben	Regressiv	Verkopft	Statussucht Verwöhnt	Ungestüm	Anerkennungsstreben	Hemmung/Abwehr	Plötzlich/Chance	Grenzenlos Auflösen	Schatten/Krise
Protzen	Übermuttern	Arbeitszwang	Besitz	Zerstören	Oberflächlich	Selbstbestrafung	Anarchisch	Weich/chaotisch	Transformation
Imponiergehabe	Rückzug/Rezeptiv	Reinigungszwang	Bequemlichkeit	Affekt	Angeber	Norm-/Moral orientiert	Sprunghaft	Intrige	Regeneration
	Unselbständig	Sklave von Zwängen	Anspruchsdenken		Überzogene Versprechen	Gewohnheit	Zerstreutheit	Empfänglich	Umgestaltung
		Versessenheit	Kaufsucht		Aufgebläht	Kargheit	Hektisch	Übersinnlich	Macht nutzen
		Anpassung	Paschadenken		Wichtigtuer	Pessimismus/Ernst	unkonzentriert	Medialität	Intensivierung
		Geiz	Narzissmus		Wuchernd	Mißtrauen	Verrat/Heimlich	Beinflußbar	Zwang/Sadist
			Haben wollen		Masslos	Karriereorientiert		Schwärmer/Idealisieren	Tyrannei/Autoritär
			Körperlich orientiert			Über-Ich		Schein/dubios	Fanatismus/Guruismus
			Vergnügungssucht					Unklar/Unsicher	Fixierung
								Opferhaltung	Ausschließlichkeit

THEMA DER „EINS" - „Ich bin der Meister meines Lebens"

wenn ein eigener Standpunkt nicht ausgebildet oder ein eigener Weg nicht beschritten werden kann oder wenn die Beziehungsfähigkeit gestört ist, zu Spasmen oder Sexualleiden,

THEMA DER „ZWEI" - „Ich bin die Kraft meines Glauben und Vertrauens"

wenn die Person sich gegen andere Menschen nicht abgrenzen kann, oder kein eigenes Wertbewusstsein besitzt, zu Hals- und Rachenbeschwerden,

THEMA DER „DREI" - „Ich bin einzigartig und erwünscht"

wenn die freie Beweglichkeit der Person, sowie die Ausdrucks- und Kommunikationsfähigkeit blockiert ist, zu Bronchial- und Lungenleiden, wenn die Freiheit des Erlebens nicht möglich ist zu Nervenleiden

THEMA DER „VIER" - „Ich bin kompetent"

wenn der Maßstab von Gut und Böse veraltet ist oder keine innere eigene Ordnung und Fähigkeit zur Eigenverantwortung besteht, zu Knochen- und Gelenkerkrankungen,

THEMA DER „FÜNF" - „Ich bin die Weisheit meiner Erfahrungen" „Ich darf mich entfalten"

wenn der Aufbau und Ausbau einer Partnerschaft oder die Weiterentwicklung und Differenzierung der eigenen Ideen und geistiger Weite/Zuversicht nicht gewährleistet ist, zu Hüft- und Leberleiden. (Schuster –Bleib bei deinen Leistensyndrom)

THEMA DER „SECHS" - „Ich bin die Kraft und Stärke"

Wenn die eigene Initiative, Entfaltung, Vitalität, Durchsetzung nicht gewährleistet ist, besteht die Tendenz zu Kopfschmerzen, Migräne, Entzündungen, Fieber, Gallenbeschwerden (Beißhemmung) etc.

THEMA DER „SIEBEN" – „Ich bin stolz auf mich"

wenn die Selbstverwirklichung nicht möglich ist oder eine seelische Bindung gefährdet erscheint, zu Herz- und Kreislaufbeschwerden,

THEMA DER „ACHT" - „Ich bin erwünscht und liebenswert"

wenn Ängste und Selbstwertunsicherheiten bestehen oder bisherige Maßstäbe und Rollennonnen nicht aufgelöst werden können, zu Süchten und zu Störungen der Hypophyse. und (damit auch) der innersekretorischen Drüsen.

THEMA DER „NEUN" – „Ich achte meine Bedürfnisse"

wenn die Gefühle und die eigene Natur nicht gezeigt werden oder werden können, zu Darmbeschwerden,

THEMA DER „Null" – „Ich bin geborgen und sicher"

wenn die seelische Eigenart nicht eingebracht wird, wenn Geborgenheit und Zuwendung nicht erlangt werden können, zu Magenleiden (Gastritis, Ulkus bulbi etc.),

Da die Wirklichkeit des Lebens komplex ist, kann diese Aufstellung selbstverständlich nur eine sehr grobe Übersicht darstellen. Mit ihr soll jedoch aufgezeigt werden, welche Wechselbeziehungen zwischen der seelischen und der körperlichen Welt bestehen.

> **Typenkurzbeschreibung für Einführungsgespräche**
>
> (Lebensaufgabe - Art und Weise, Lebenssinn, Herausforderungen wie der Mensch/Klient beabsichtigt, seine Aufgabenstellung zu bewältigen)

Der Grundtypus

Den ersten Hinweis über die grundsätzliche Lebensausrichtung/-Hauptthema eines Menschen erkennt man an dem *Grundtypus*.

Dieser errechnet sich aus der *Quersumme aller Einzelzahlen* des Geburtsdatums: Die entstandene Quersumme wird solange reduziert, bis eine Grundzahl, die eigentliche Grundschwingung des Wesens, übrigbleibt. Nehmen wir einmal als Beispiel den Herrn XY 18. 12. 1965:

6+5+9+1+2+1+8+1=33, 3+3=6

Die Zahlen werden als Einzelzahlen aufaddiert.

Herr XY ist numerologisch gesprochen ein 6-er Typus!

Der Grundtypus gibt, wie bei einem bunten Teppich, die Grundfarbe, das Grundmuster seines Lebens an. Herr XY ist grundsätzlich ein Mann, bei dem das Thema Mars eine Rolle spielt. Wie sich das in seinem Leben zeigt, geht aus dem Grundtypus noch nicht genau hervor. Entsprechend der Thematik „Mars" kann er eine muskulöse Gestalt haben, eher aggressiv und dominant sein, beruflich mit Maschinen zu tun haben und gerne als Hobby Kraft- oder Kampfsport ausüben. In diesem Falle würde er seinen Grundtypus im Äußeren leben, mit seinem Grundprinzip, seinem Archetypus in Harmonie gehen.

Wurde aber Herr XY als Kind daran gehindert, seine Kraft und Kampflust angemessen auszudrücken, so könnte er diese Eigenschaften als Krankheit gegen sich richten, quasi sich selber bekämpfen. Diese Art, mit einem Thema umzugehen, heißt *Somatisierung*.

Krankheiten, die mit dem Thema Kampf zusammenhängen sind Entzündungen, die je nach Situation der Kampflust akut, meist gegen äußere Erreger gerichtet sind (Infekte, Abszesse..),oder chronisch, möglicherweise gegen die eigene Substanz (Asthma, Rheuma, Colitis, Anorexie)

Eine andere Möglichkeit mit einer im äußeren nicht gelebten Marsenergie zu leben ist die sogenannte *Projektion*. Man begegnet dabei lauter aggressiven, Menschen und Situationen, die einem die eigenen unterdrückten Anlagen und Möglichkeiten „spiegeln".
Wenn man diese drei Möglichkeiten, etwa mit Mars-Energie umzugehen betrachtet:
1. das direkte Umsetzen,
2. das Ausleben als körperliches Symptom (Psychosomatik),
3. die Projektionen auf schicksalhafte Situationen und Partner

So wird klar, dass Menschen, die am gleichen Tag, zur gleichen Stunde geboren wurden, mit genau identischen Anlagen doch ein völlig unterschiedliches Leben führen können.

Mond (0)   Kein Selbstmitleid

Ein Leben fürs Gefühl. Auf der Suche nach der Seele in allem. Die Psyche der Dinge ergründen, Bemuttern und Bemuttern lassen. Hingabe, Anpassungsfähigkeit, Fürsorglichkeit, Mütterlichkeit, Gefühlstiefe.
Unerlöst: Das launische unzufriedene Kind, Passivität bis zur Antriebslosigkeit, Ängstlichkeit, Gemütsleiden, Sentimentalität, Beleidigt sein, Schmollen, Unselbständigkeit, Selbstmitleid, Launenhaftigkeit.

Neptun (2)   Vertrauen – Klarheit, keine Illusionen

Sehnsucht nach Verschmelzung mit der Einheit der Dinge. Aufgehen in der Schöpfung, Sensibilität, Mitgefühl, Intuition, Phantasie, Ahnungsvermögen,
Unerlöst: Die Selbstbetäubung, um die Wahrheit nicht sehen zu müssen. Altruismus, Haltlosigkeit, Charakterlosigkeit, Undurchsichtigkeit, Schwindelei, Süchte, Wahnideen, Halluzinationen, religiöse Wahnvorstellungen, Keine Ich-Grenzen setzen können.

Uranus (3) Innovative Kreativität einbringen/Weniger Unruhe
Die Welt durch Geistesblitze und Erfindungen aus den Angeln heben! Geistige Freiheit, Überwindung von Zeit und Raum. Einfallsreichtum, Freiheitsliebe, Originalität, Genialität, Veränderungslust.
Unerlöst: Zerstörung sinnvoller Ordnung und Hierarchie, Nervosität, Unruhe, Exzentrizität, Gefühlskälte, Clownerie, Getriebenheit, Desorientierung, Epilepsie, Katalepsie.

Saturn (4) Keine Verallgemeinerungen/ Andere verstehen

Autark in Eigenmacht das erstrebte Ziel (Gipfel) erreichen. Die Suche nach aus Erfahrung geborener Reife und Weisheit. Bescheidenheit. Klarheit, Ausdauer, Reinheit, Konzentration, Ernsthaftigkeit, Format, Ordnungsliebe, Verantwortungsgefühl.
Unerlöst: Selbstgerechtigkeit bei kalter Strenge anderen gegenüber, Geiz, Härte, Sturheit, Verschlossenheit, Dogmatismus, Strenge, Schizophrenie, Depression, Kontrollzwänge, Autismus.

Jupiter (5) Keine bewertende Arroganz

Ein Leben für die Entwicklung. Seelische und geistige Expansion, den Sinn des Lebens finden, geistig einen weiten Wertehorizont entwickeln.
Unerlöst: Der hohe Hochstapler ohne Substanz, Pathos, Übertreibung, Großspurigkeit, Selbstüberschätzung, Arroganz, Humor, Optimismus, Vertrauen, Toleranz, Großzügigkeit, Organisationstalent, Güte, Manien, Hysterie, Depression (kompensiert durch unechte »Lebenslust«)

Mars (6) Zielorientiertes bewusstes Handeln lernen

Unmittelbarer Einsatz aller zur Verfügung stehenden Kräfte, um das jeweils gesteckte Ziel zu erreichen und möglichst schnell Resultate zu sehen.
Unerlöst: Gewaltsames rücksichtsloses Vorgehen. Hochleistungswahn, Mut, Tapferkeit, Ehrlichkeit, Willenskraft, Engagement, harte Direktheit, Wut, Zorn, Aggressionslust, Hektik, Rastlosigkeit, Rivalität, Unbedachtheit.

Sonne (7) Keine Selbstüberheblichkeit

Die Freude am Spiel. Leben als Tummelplatz für den spielerischen Selbstausdruck. Lebenslust.
Unerlöst: Machtstreben, das nicht aufhört, bis das kleine Ego im Zentrum der Beachtung steht. Kraft, Ausstrahlung, Selbstbewusstheit, Situationsnähe, Organisationsgabe, Risikofreude, Verspieltheit, Stolz, Überheblichkeit, Selbstüberschätzung, Angabe, Manien, Egodominanz, Prahlerei, Dominanzstreben, Größenwahn.

Venus/Stier (8) Keine Gier

In Gemütlichkeit, Sicherheit und Sinnlichkeit das Leben genießen. Schönes, Wertvolles sammeln, zum Bestand machen und erhalten. Ruhe, Zärtlichkeit, Friedensliebe, Sinnlichkeit, Gruppensinn, Bodenständigkeit.
Unerlöst: Genussgier, dumme Verteidigung von Dingen, die sich als unrichtig erwiesen haben; träges Bedürfnis nach Ungestörtheit. Besitzdrang, Neid, Hartnäckigkeit, Trägheit, Unbeweglichkeit, Fresssucht, Depression.

Venus/ Waage (8) Lerne dich zu entscheiden

Ein Leben für die Harmonie (der Farben, Formen, Musisches, Die Suche nach dem inneren Frieden, nach der Ergänzung durch den geliebten Partner. Charme, Höflichkeit, Zärtlichkeit, Freundlichkeit, Kunstempfinden, Eleganz, Diplomatie.
Unerlöst: Lauheit, Unentschlossenheit und Unehrlichkeit, »zu schön, um wahr zu sein«. Blasiertheit, Verzärtelung, Schmeichelei, Handlungsschwäche, Entscheidungsschwäche, Unehrlichkeit, Leben in statischer Scheinharmonie.

Merkur/Zwillinge (9) Weniger Oberflächlichkeit

Ein Leben für die Wissbegier. Neugierig, immer Neues auskundschaften, in sprachliche Begriffe fassen und sich darüber mit anderen unterhalten. Heiterkeit, Wendigkeit, Vielseitigkeit, Geselligkeit, Interessiertheit, Klugheit.
Unerlöst: Das geschwätzige wandelnde Lexikon, Geschwätzigkeit, Listigkeit, Oberflächlichkeit, Neugier, Lügenhaftigkeit, Paranoia, Hebephrenie, Ideenflucht, Beziehungswahn.

Merkur/Jungfrau (9) Weniger Skepsis

Freude an Präzision und akribisch genauer Kenntnis. Forschendes Verständnis durch genaue Beobachtung. Rationales Wissen dienend weitergeben. Bedachtheit, Akribie, Sorgsamkeit, Differenziertheit, Beobachtungsgabe, Vernunft.
Unerlöst: Zersetzendes Misstrauen, das alles, was der eigenen Logik nicht eingeht, zynisch verdammt. Kritiksucht, Misstrauen, Verschlagenheit, Ängstlichkeit, Pedanterie, Pessimismus, Zynismus, Angstsyndrome, Phobien, Kontrollzwänge, Depression.

Die Wandlungstypen

Typ A: Die echte Null im Geburtsdatum

Beispiel: 26.10. 1943 = 26 = 2+6 = 8

Das besondere an diesem Grundtypus ist das Vorhandensein der 0 im Geburtsdatum (wobei nur Nullen zählen, die für den Sinn unverzichtbar sind, also nicht die Nullen von 01.01.1995)
Die echte Null wirkt sich „transformatorisch" aus. Dies bedeutet, dass dieser Wandlungstypus nach Erreichen des Lebensalters, das seine Quersumme bestimmt, hier also 26, in einen anderen Grundtypus wandelt, der um 10 größer ist. Gleichzeitig wandelt auch der Lebensschwerpunkt entsprechend.

Diese Wandlung erfolgt alle 10 Jahre nach Erreichen des Grundtypenalters, was oft mit entscheidenden Resonanzen, sprich Lebensveränderungen einhergeht!.

In oben genanntem Beispiel:

bis 26 Jahre: Grundtypus 8=2+6
zwischen 26 und 36: Grundtypus 9=3+6
zwischen 36 und 46: Grundtypus 10=4+6)
usw.

Bemerkung:

Da die" 1" für die Einheit, das Ganze, die Vollendung steht, und die Kabbala ausdrücklich nur die Zahlen „0-9" als Wesensglieder Gottes kennt gibt es keinen" 1"-er Typus.
Errechnet man die Quersumme 10, so wird diese auf die „0" als Typus reduziert.

Typ B: Der „Null"~er-Grundtypus

Beispiel: 24.4.1926 = 28 = 10 = 0 (0 / 28)

In diesem Geburtsdatum keine 0 vorhanden. Sie ergibt sie sich aber aus der Quersumme, so wandelt dieser Mensch einmal zum 2-er Typus, da nach Erreichen des Quersummenalters 10 hinzugefügt werden im Sinne dieser Wandlung. Der Mensch mit obigem Datum wird also zum 2 / 38 Typus. Alle „O" -Typen wandeln also zum „2" -Typen.

(Ist in diesem Geburtsdatum eine zusätzliche 0 vorhanden, so geht die Wandlung entsprechen Typ A weiter.)

Typ C: Die Null in der Quersumme

Beispiel: 14.3.1966 =30 =3

Hier ist zwar keine 0 im Geburtsdatum, aber in der Quersumme. Auch diese Null bewirkt den Wandlungstypus. Nach Erreichen des 30. Lebensjahres wandelt dieser Typus zum 4- Typus, zehn Jahre später zum 5-er Typus usw.

Nach jeder Wandlung ein ergibt sich neuer Typus mit völlig anderem Grundthema der Einzelzahl!

Der oben angesprochene Teppich des Lebens, der eine gewisse Grundfarbe hat, wird nun weiter gestaltet durch verschiedene andere Farbauftragungen und Muster. Diese können den Gesamteindruck des Teppichs mehr oder weniger stark verändern. Diese Muster kommen durch die unterschiedlichen Einzelzahlen mit Geburtszeit und Geburtsdatum zustande.

Der Jahrgang – z.B. 19... oder 20... wird dabei nicht berücksichtigt, da sie bei der Betrachtung von Zahlenhäufungen lediglich eine kollektive Qualität haben, aber keine spezifisch individuelle Ausprägung.

Zahlenhäufungen

Der oben angesprochene „Teppich" des Lebens, der eine gewisse Grundfarbe hat, wird nun weiter gestaltet durch verschiedene andere Farbauftragungen und Muster. Diese können den Gesamteindruck des Teppichs mehr oder weniger stark verändern. Diese Muster kommen durch die unterschiedlichen Einzelzahlen zustande. Eine gleichmäßige Verteilung ergibt ein harmonisches buntes Bild.

Häufungen einer oder mehrerer Zahlen ändern den Farbeindruck des Teppichs deutlich. So kann ein Teppich, der einen blauen Grundton hat durch ein großflächiges rotes Muster auf einmal nicht mehr blau, sondern rot imponieren.

Je nach Verteilung der Zahlen im Geburtsbild stehen der Grundtypus oder die Einzelzahlen mehr im Vordergrund der Persönlichkeit.

Verdoppelungen und Häufungen werden im Numeroskop nebeneinander geschrieben.

Bedeutung der Häufungen

Pluto (111)/ Zahlenhäufung (**Kein Typus**): **Abschied von Überholtem lernen**

Berücksichtigt werden also nur die drei Einsen, aber nicht die des Jahrganges!

z.B **14.12.** ~~19~~ 62 - **10.45**

Der größte Sieg ist der Sieg über sich selbst! Über sich hinaus wachsen wollen. Den absoluten Urgrund der Dinge um jeden Preis (Faust!) enthüllen wollen. Idealismus, Wandlungsfähigkeit, Opferbereitschaft, hoher Anspruch an sich.

111: Besonders starker Persönlichkeitsanspruch oder Geltungsdrang; Autoritätskonflikte (den eigenen Willen durchsetzen wollen, den Anspruch der anderen nicht gelten lassen); starke Empfindlichkeit gegen Kritik.

Unerlöst: Das Leben durch Modellvorstellungen, die man Ideale nennt vergewaltigen, und daran selbst zugrundegehen. Extremismus, Fanatismus, Sadismus, Masochismus, Verbissenheit, Misstrauen psychischer Machthunger Besessenheit, manisch- depressives Irresein, Zwangsneurose, Selbstzerstörungstrieb, Sexismus.

222: gesteigertes Vorstellungsvermögen und rasche Auffassung, Neigung zu Ideenflucht und Unentschlossenheit, Illusionen, Gefahr der Sucht als Ausdruck der Flucht in die Grenzenlosigkeit

333: sehr starke Willensimpulse, aber auch Gefahr der Willensschwäche, da man zu vieles auf einmal oder Gegensätzliches will, Hektik, zu viele neue Ideen, die nicht umgesetzt werden können, weil immer neue und vermeintlich bessere, interessantere auftauchen; übermäßige Risikobereitschaft, Wunsch nach Nervenkitzel

444: Neigung zu Übergenauigkeit (Pedanterie) oder dogmatischer Fixierung; übermäßiges Strukturieren (Schematismus); Verunsicherung und Ängste durch starre Ordnungsprinzipien und (Bestrafungs-)Regeln.

555: Überbetonte Ordnung (Dirigismus) oder Neigung zu autoritärgroßzügigem Auftreten; übertriebene Großzügigkeit; nicht Nein sagen können aus Angst, Anerkennung zu verlieren (Mutter Theresa Syndrom); Suchtgefahr bei enttäuschten Erwartungen in Bezug auf die Beachtung durch die anderen.

666: körperliche Durchsetzung um jeden Preis; Gefahr unbeherrschter sexueller Leidenschaften; Aggressivität, Gewalttätigkeit, Tendenz zu Raubbau an den eigenen Kräften.

777: vorherrschendes Streben nach Genussfülle materieller Art; Neigung zu unbedenklicher Verschwendung; Fachidiotie, Überheblichkeit

888: Übertriebene Harmonie (Leben in der heilen Welt), Neigung zu Flucht aus der Lebensrealität; übertriebener Verwöhnanspruch, Trägheit, ausgeprägtes kreatives Talent. Sinn für Ästhetik/Geschmack.

999: Extreme Beweglichkeit, Unruhe, Rededrang, Nervosität, Sprunghaftigkeit, Ungeduld, Umtriebigkeit; handwerkliches Geschick.

000: verstärktes Wandlungs- und Vollendungsstreben; unbestimmte Sehnsucht nach dem jenseitigen Grenzenlosen (Mich juckt nichts mehr!) betontes Gefühlsleben, „Sensibelchen" – Kind bleiben wollen.

Praktische Kabbalistische Heilungsarbeit

Um erkennen zu können, welche Kräfte unser Denken, Fühlen und Handeln primär bestimmen, eignet sich in besonderer Weise die geschilderte kabbalistische meditative Arbeit, deren Themen sein können:

Krankheit, Lebenseinstellung, Selbstvertrauen, Liebe, Freiheit, Verantwortlichkeit, d.h. alle Existenzthemen, die ein erfüllendes Leben ermöglichen bzw. bestimmen.

Natürlich sollte man sich vor einer Arbeit mit Symbolen mal ein wenig mit Traumsymbolliteratur oder Imaginationstherapien beschäftigen, da die personifizierten Imaginationsbilder viel über die internationale Sprache von seelischen Symbolen arbeiten, die meditativ aus dem Inneren entstehen! *(Vgl. Äppli- „Imagination und Symboldeutung!" – Knaur bzw. Axel Englert- Merlin lebt -BOD)*

Für lebensberaterische sowie psychotherapeutisch Tätige ist es oft ein besonderes Erlebnis, einen viel tieferen, ergreifenderen Einblick in die Gefühlswelt der Hilfesuchenden zu erhalten, wenn sie die gewählten Bilder vergleichen mit dem, was vorher im Gespräch geschildert wurde.

Positiv an der Arbeit mit der Tarot-Therapie ist auch, dass keine Interpretationen gemacht werden müssen, sondern dass die Arbeitenden alles selbst wählen und strukturieren können.

Dazu bieten die Karten und Zahlen durch ihre umfassende seelenberührende Symbolik Interpretationsmöglichkeiten und geben viele Anstöße aus der geweckten Intuition, wie aus den vorgenannten Beispielen zu ersehen ist.

Weil die Tarot-Therapie auch in Richtung Sinnfindung und meditativer, identitätsbezogener Selbstfindung geht, kann diese Arbeit auch vertiefend kombiniert werden über „Innere Kindarbeit" und das sogenannte Katathyme Bilderleben (Imaginationstherapie von H.C. Leuner), bzw. über die daraus abgeleiteten Phantasiereisen. *(Vgl. dazu Englert Axel, Merlin lebt, BOD Verlag)*

Umgekehrt können KB oder Phantasiereisen danach gut mit der Tarottherapie bzw. ~beratung verbunden werden.

Vorteile:

- Gezielter schneller Gesprächseinstieg in Beratungen und Gesprächstherapien.
- Durchschauen von somatischen Hintergründen.
- Objektivierung von subjektiven Gesprächsinhalten und Aussagen des Klienten.
- Bessere Krisenintervention durch gezieltes Durch-schauen der aktuellen Krisenthematik und dahinter stehender Lebensthemen.
- Fundierte seelsorgerische Lösungs- und Wegweiserfunktion.
- Blockierende Glaubenssätze können schnell eruiert werden.

Literatur:
Es gibt vielfältigste Literatur auf dem Markt - Der Autor hält selbst qualifizierte Seminare über diese Themen.
Siehe auch:
Bücher von Evelin Bürger/ Johannes Fiebig: Tarot- Spiegel deiner Möglichkeiten" oder Hajo Banzhaf etc.- Rachel Pollak: „Tarot"

Wende dich also immer erst nach einer Entspannungsphase ins Innere gehend unter Anrufung von „magischen Symbolen", wie oben im Buch geschildert deinem Engel zu – bzw. lass spontan sein Bild vor deinem geistigen Auge erscheinen. Lass dir Zeit, zensiere das spontan auftauchende Bild/Film mit seiner Person über den Verstand nicht!

Das Wichtigste ist dabei auch, den Klienten seine heilbringenden Bilder spüren zu lassen, sich ein zu fühlen, da diese Gefühle mit ihren aufbauenden Stimmungen den inneren Halt und die Heilungsresonanz stärken und das heilbringende „Wesentliche" sind:

---

1. Intuition – Das zielführende Bild/Thematik aus dem Inneren, das durch die Symbolik aufsteigt.

2. Das Gefühl – Das dabei Empfundene

3. Der „Ich bin.." - Satz, der alles erhebt und einschließt!

Anwendung in zusammengefassten Praxisbeispielen:

Einführende âllgemeine Erörterung zu den Beispielen:

Selbstliebe, die sich im Leben in harmonischen Situationen kann man nicht lernen oder lehren, sondern nur erfahren!

Wenn die Erwachsenen es nicht geschafft haben sich selbst zu lieben, wie soll es das Kind denn lernen können!

Belesen und studiert unsere kirchlichen Ritualbeamten sind, wissen viele sicherlich und lehren es:

"Liebe deinen Nächsten wie dich selbst"

aber auf der anderen Seite erzählte man dir bzw. schon deine Eltern schon von Kindesbeinen, sprich primär zuhause an, was du alles nicht richtig gemacht hast.

Da soll man der Schule erst mal sekundär eine quasi Schuld bzw. ein Nicht-Erkennen wollen oder können (z.B. wg. Überforderung der Eltern) zuweisen, weil primär erst einmal das Elternhaus (schon im Mutterleib!) der prägende Faktor ist, der, (natürlich eingebettet in diese widersprüchliche, oft überfordernde Kollektivpsyche!) die schwierig auszulöschenden „CD-Rillen" der mangelnden Wertschätzung und Selbstliebe prägt!

Man vergaß dich da mehr oder minder schon total dich zu schätzen, dich zu respektieren, und fühlte sich bemüßigt, dir immer wieder zu erklären, was du alles nicht richtig machst, so dass all diese Grundzweifel noch nach wie vor in dir aktiv sind und ihre so zusagen erschreckenden Auswirkungen als Resonanz aus der Umwelt haben.!

(Unerwünscht, Nicht qualifiziert, Fühle nicht, Wachse nicht und bleib Kind, Halts Maul, Dazu gehörst du nicht, Schuster bleib bei deinen Leisten etc...).

Wie sollst du dich dann selbst lieben können?

Gehe einmal z.B. davon aus, dass jemand, wenn er in die Welt, in die Schule, hinaus tritt, auf seiner Stirn einen mehr oder minder gravierende Schriftzug trägt:

"Nicht gut genug und unerwünscht" und gehe weiter jetzt davon aus, dass du jetzt schon als Kind alles daran setzt, dir dieses "Unerwünscht" aus zu reden, durch Leistung aus zu gleichen, diese für Liebe zu verkaufen, damit du geliebt wirst, also mit Liebe deinen Nächsten:

Ja! , Ich will ja, ja ich tu ja, ja ich bin ja usw. -später ergänzt durch das positive Denken oder GFK , Reiki, Optimismus....

Aber all das nützt nichts, selbst, wenn du von den Lehrern noch so motiviert wirst und dich selbst motivierst - Du kannst dich noch so anstrengen:

Am Ende steht das Ergebnis der Erfahrung am entscheidenden Punkt:

"NEIN" - Ich bin nicht erwünscht! - Die Umwelt reagiert am wesentlichen Punkt immer auf deinem „Pappschild" auf der Stirn:

Nicht erwünscht! - und das setzt sich fort und fort bis ins Berufsleben etc.

Die oberflächlichen Wörtchen Herzbewusstsein, Energie der Liebe und Ausschluss von Verstandesbewusstsein und „Positiv Denken" wirkt da nicht die Bohne und auch die Karmaentschuldigung mit Liebe deinen Nächsten hilft nix!

Da fehlt das Wörtchen:

Eigenverantwortung und Selbsterkenntnis, denn der Ort deiner Macht etwas zu ändern liegt ausschließlich tief in dir, wenn du natürlich alle anderen äußeren Fähigkeiten entwickelt hast.

Deine Macht bekommst du nur, wenn du dir wirklich bewusst wirst, was dich daran hindert und welches Thema dir deine Macht gibt bzw. nimmt - ansonsten bleibt der Spruch im theoretischen hängen!

Was bedeutet zur „Eigen-Macht" zu kommen? und das Innere zum äußeren Spiegelbild zu machen?

Beispiel:

Jemand (41 Jahre!) kann machen was er will, mit höchster Qualifikation - Er ist beruflich nicht erfolgreich -viele Rationalisierungen und er kämpft und kämpft - Umsonst - Keiner will ihn auf Dauer haben und fördern trotz steigender Qualifikation!

Einer kompetenten Persönlichkeit wurde ein Schild aufs Hirn geheftet: "Ich bin überflüssig", schon in der Kindheit und im Mutterleib -Ungewollte Schwangerschaft - unehelich geboren - zur Oma abgeschoben!

Resonanz: Stetig war er "ÜBERFLÜSSIG"

Notwendiges Verstandesbewusstsein erkennt:

Das Schild pappt immer noch auf dem Hirn! - Ich akzeptiere!

Lösung:

Kämpfe nicht dagegen und die therapeutisch induzierte Wertimagination aus dem Inneren mit Bild und zugehörigem Symbol und Gefühl mit vorheriger „Innerer Kindarbeit" ergibt:

"Ich bin stolz auf mich und erwünscht!

Begleitende Anweisung: Bei allem was er tut, bei jeder Verrichtung und Handhabung (Kaffee kochen, Schreiben, etc...) Bild, Symbol und Gefühl hervor rufen mit:

"Ich bin stolz auf mich (und für das was ich bisher geleistet habe!) auch durch das Einatmen, d.h. Intensives Hineinspüren und üben mit dem erkannten intuitiven Bildsymbol und Malen des erkannten Bildes unterstützen!

Verstand + Gefühl + Intuition arbeiten nun zusammen!

Fazit: Drei Wochen später hatte er unerwartet ein sehr gutes berufliches Angebot! -das bis heute hält!

Das ist BEWUSSTSEINS und resonanzverändernde SPIEGELARBEIT!

Ähnlicher Fall in praktischer Arbeit:

Wir übergehen Vorgespräch bzw. erklärende Einführung.

Klient schildert sein Problem:

„Nun ist es so, dass ich seit ca. 2010 einen kontinuierlichen beruflichen Niedergang erlebt habe und ich mit finanziellen Mitteln etwas haushalten muss!

Ich tappe daher kontinuierlich noch etwas im Dunkeln, was ich da falsch mache oder ob es nur ein Übergang- eine Transformation in eine neue Zeit ist, mit neuen Herausforderungen?

Ich kann mich bewerben wie ich will, ich bekomme auch keine Anstellung - nicht mal bei Mac Donald."

Therapeut:

„Ok – Lass dir ein magisches Engelsymbol zeigen vor deinem geistigen Auge – Welcher Engel bzw. Engelsenergie möchte mit dir Kontakt aufnehmen?

z.B. Kelch, Schwert, Stab oder Münze (oder Zahl zwischen **0** und **10**!)

(Es hätte auch das spontane intuitiv oder assoziative Auswählen der Wesenszahlen von 0-10 sein können, die, wie oben geschildet die heilenden Wesenskräfte symbolisieren – Hier im Beispiel wäre das Erzengel Michael = Stabenergie) oder die Zahlen als erregende seelische Bildsymbole oder man arbeitet nach innerlicher Festlegung mit den „22 Großen Arkana" mit den Zahlen „0-21"!
(Tab. Seite: 47/59-68):

Wähle dir nun ein z.B. magisches Engelssymbol – (oder Zahl zwischen „0" und 10) - Lass es dir schenken!"

Klient: „Den Stab!"

Therapeut: „Aha" – Sieht aus, als wäre es die Energie von Erzengel Michael! (Mut, Begeisterung, Zuversicht!)

Er hält den Stab, in welcher Gestalt? "

Klient: „Eremit"

Therapeut:
„Na, dann spielen wir das Spiel weiter - Ist der Eremit alleine, oder sind noch andere Personen bei ihm?"

Klient: „Nein!"..

Therapeut: „Was macht der Eremit?"

Klient:
„Eremit ist alleine - Geht in Keller - durch einen dunklen Gang -Betritt Kellerraum mit einem Fenster -Uralte Druckermaschine - zeigt dauernd auf einen alten Schreibtisch mit Stellspiegel mit vielen Unterlagen/ Zetteln - Soll lesen, erkenne aber wirklich nichts! -Er zeigt laufend schweigend auf Schreibtisch."

Therapeut: „Und weiter –Was taucht spontan auf?"

Klient:
„Dann war es mir so, als ginge es ins Weltall - Sehe unter mir die blaue Erde. Irgendwie sehe ich etwas bei mir etwas Metallisches, wie ein Raumschiff. Von dort sehe ich, wie sich eine Rakete löste und wegfliegt und sich dann in zwei Hälften teilt - Daraus werden zwei bunte gespitzte Bleistifte, die lustige „Smileygesichter" haben und mich dann unentwegt ohne Worte angrinsen."

Therapeut:
„Ja ok! - Versetz dich in das „Weltall-Gefühl" hinein , atme es ein, lass es wirken und schreib was auf was dir in den Sinn kommt"

Klient:
„Grenzenlose -Weite - Über den Dingen stehend - Keine Kleinlichkeiten, in diese verfransend - Allumfassend in Verbundenheit mit Liebe zur Erde! – keine Angst - Reinhard May: Über den Wolken muss die Freiheit wohl grenzenlos sein!"

Therapeut:
„So und jetzt gehst du wieder zu deinem Eremiten und fragst ihn, was er davon hält. Den allerersten Gedanken, der dir einfällt, formulieren."

Klient:
„War schwierig das erste sofort zu filtern - Ich meine es war:
Für mich da sein!" -Dann kamen die Worte: Licht-Liebe und Eifersucht!"

Therapeut:
„Sehr gut und jetzt spontan einfach irgendetwas zum Weltraumerlebnis?"

Klient:
„Mir kommt vor, als solle ich etwas schreiben, was an Wissen in mir liegt und was fruchtbar ist! - Etwas was überblicksmäßig sehr weit ist- (Weltall!) eine fruchtbare Wahrheit? - Sektflasche gleich Frucht!

Therapeut: „Was meint der Eremit dazu?"

Klient:
„ Alles/Es für mich tun? Einsam im Weltall, weil kein Druck, so fühle ich - mich auch oder es auf Erde bringen und ausschenken - Kam mir so vor! - Ich fühle eine unendliche Weite in mir!

Therapeut: „Jetzt weiter:"

Klient:
„Dann klappen die beiden Raketenbleistifthälften wieder zusammen und daraus entsteht so etwas wie eine Flasche Sektapfelwein (Sekt, weil oben eine metallische Verpackungskappe sichtbar ist - und ein Etikett, so etwas wie ein Apfel oder Pfirsich - zu sehen sind.

Ich betrachte und drehe die Flasche über der schönen blauen Erde im Weltraum unschlüssig, ob ich zurück will -so schön ist es zu betrachten. Ich schwebe!"

Therapeut: (jetzt, da keine Entwicklung mehr erkennbar!)

„Ok! –Sieht ja alles im Ergebnis recht positiv aus:

1. Vertraue Dir und deinen Impulsen (Rakete- Stifte!)
2. Du kannst NICHTS falsch machen
3. Du kannst nicht tiefer fallen als in Gottes Hände.
   (Weltall = Geborgenheit im Allumfassenden!
4. Alles ist gut (Sekt –Früchte deines Lebens sind da, werden kommen!)

Therapeut (Autor): Die Auflösung:

- „Tarotkarte "Der Eremit" im Keller – ist symbolisch die Begegnung mit meinem Schatten, jetzt für dich ein Durchgang zu dem Licht das „Du mehr und mehr bist"."
- Keller, dunkler Gang = Begegnung mit deinem Schatten; Schreibtisch mit Spiegel = Spiegelung für dich; Zettel, die du nicht lesen kannst = Konfrontation mit deinen unbewussten Ängsten und subjektiv gefühlte Begrenztheit.
- Weltall! d.h. unbegrenzte Freiheit, Licht und Liebe, fruchtbares Wissen in dir d.h. dein göttliches Sein in dir mit seiner Intuition fließt gut!
- So, jetzt brauchst du "nur mehr" diese Überzeugung der Zuversicht (Symbol „Stab" – Erzengel Michael –Töter der Angst!) in dir festigen durch dein Einfühlen in dieses Bild, sooft es geht:

.
Du bist toll, du bist wundervoll, das musst du dir immer vor Augen halten. Wenn andere Leute das nicht sehen können, dann sind sie selbst schuld (Eifersucht und Konkurrenzdenken). Oder sie sind mit ihren Problemen so verstrickt, dass sie keine Kapazität haben, das zu erkennen. Also tu es für dich, was zu tun ist, das Ergebnis überlasse dem Allumfassenden, das dich führt! Da hast du ja auch keinen Druck mehr, weil du weißt, dass dir nichts passieren kann, bzw. du erkannt hast, dass das göttliche Licht in dir innewohnt.

„Vertraue" ist die Botschaft!" und um in Resonanz mit erfüllenden Situationen zu kommen, atme die geschilderte Situation bzw. das Finalbild im Weltall und fühle diese Weite in dir so oft wie möglich ein, lasse sie in deinem Inneren gefühlsmäßig wirken."

Wichtig ist dabei immer als begleitende Anweisung bei allem was man tut, bei jeder Verrichtung und Handhabung (Kaffee kochen, Schreiben, etc...) Bild, Symbol und Gefühl hervor rufen mit:
"Ich bin stolz auf mich und erwünscht!"

<u>Fazit:</u> Vier Wochen später eröffnete sich ein erfüllendes Tätigkeitsfeld, an das er nie gedacht hatte.

Beispiel:

Eine Sozialpädagogin kommt trotz hoher Qualifikation über prekäre Arbeitsverhältnisse nicht hinaus. Sie arbeitet und arbeitet an vielen Projekten mit guten Ideen aber in jede Bewerbung spiegeln sich nur immer wieder ihre alten Situationen, denen sie versucht durch Leistung zu entrinnen!

Elternsituation und Glaubenssätze: Beide äußerst konservativ katholisch geprägte Eltern waren durch große Existenzangst geprägt und lebten mit äußerste Perfektion das Sprichwort:

„Im Schweiße deines Angesichtes sollst du dein Brot verdienen" – Achtung und Wertschätzung gibt es nur durch Leistung und Pflichtbewusstsein!

Dies prägte sie schon in ihrer Kindheit wo sie im Elternhaus und Schule liebe nur durch Leistung und Arbeit und bedingungslose Anpassung bekam!

Die Wertschätzung und Liebe durch die Eltern als Person, als Kind wurde übersehen und sie erscheint bedeutungslos!

So bewegte sie sich im Hamsterrad von erschöpfenden Endlosprojekten, wo sie noch glaubte durch gewissenhafte Geschwindigkeit Anerkennung zu finden!

So mit konnte sie sich auch nicht wertschätzen!

Diese Sachverhalt wurde ich durch eine Tarotlegung noch einmal deutlich gemacht und intensiv besprochen!

Ich stellte ihr in der entspannten meditativen Achtsamkeit die Frage:

Was blockiert? - und ließ sie aus ihrem Inneren eine Zahl zwischen „0" und „9" wählen.

Sie entschied sich für die „8" (Acht!)

Damit wurde ich schon mal die archetypische Funktion der Venus (=8) verdeutlicht, an der es fehlt:

(Vergleiche dazu Einzelzahlen/Symbole (Tab. Seite: 47/59-68)

Mangelnde Verbundenheit mit sich selbst, heißt mangelnde Wertschätzung und Achtung ihrer Person, auch als Frau, der es dadurch auch an Gefühl für ihre eigenen Bedürfnisse fehlt!

Weiter:

Ok! „Beobachte die Acht!" und jetzt gehe mal in deinen „Film" hinein, und lass dir Bilder so um das achte Lebensjahr zeigen (Zahl auch wichtig für symptomatisches Ereignis aus dem betreffenden Lebensjahr das ihre Problematik spiegelt!).

Welche Person, bzw. welche Situation taucht auf - Wo befindest du dich?

Sie:

„Ich sehe mich in der Schule – Lehrer streng - Schule ist aus – Beim Anziehen des Mantels habe ich mir einen Knopf abgerissen. Ich gehe nachhause - Dort werde ich von der Mutter ausgeschimpft und geschlagen! – Bin traurig und habe viel Angst! – „Mama liebt mich nicht"

Autor:

„Jetzt übertrage das mal auf deine anderen Situationen in der Kindheit?"

Sie: „Es ist eigentlich immer dasselbe – Musste immer „Perfekt sein" und gute Leistungen bringen, sonst wurde ich geschimpft oder bekam noch Prügel mit einem Teppichklopfer!

Klientin hatte Tränen in den Augen!

Ok! Machen wir ein bisschen „Innere Kindarbeit"!

Sieh dich jetzt als 35 jährige, wie du in den Raum deines Bildes trittst, das Kind in den Arm nimmst.

Sie: Es blickt mich noch ein bisschen „Scheu" an

Ok! – „Jetzt sag zu dem achtjährigen Kind:

Liebes Kind! – Jetzt bin ich bei dir – Die Gefahr ist vorbei – Jetzt sind wir erwachsen – Ich lass dich nie mehr alleine – Jetzt hast du einen Platz im Hetzen – Gemeinsam schaffen wir das – Ich liebe dich so sehr!"

Mehrmalige Wiederholungen brachte ihr schon erste innerlich emotionale Entlastung und ein Gefühl der zunehmenden Geborgenheit zog in sie unter Tränen von Erleichterung ein, zumal ihr auf den Am genommenes Kind, jetzt anfing zu lächeln!

Ich ließ sie ca. 10 Minuten in diesen Gefühlen atmen und verweilen.

Ok! – Jetzt lass diese Bilder los – Atme ruhig und wenn du wieder ganz entspannt bist, sage es mir, und lenke wieder deinen Atem in deinen Bauchraum auf deinen inneren Bildschirm."

Klientin nickt!

„Ok! -Jetzt bitte innerlich deine Seele, dein Inneres um dein Heilungsbild

Lass dir dazu aus deinem Bauchraum ein „magisches Werkzeug" das dich mit deinem Inneren verbindet:

Einen Stab, Schwert, Kelch oder Münze! (siehe dazu Seite 45)

Sie:

„Kelch" (Siehe Seite 45 - Kelch ist das Symbol für Geborgenheit, Sicherheit

Ich: „Ok! - Beobachte den Kelch!

Wer hält ihn und wo befindest du dich, bzw. welche Landschaft taucht auf?"

Sie:

„Ich stehe in einem See- Wasser ist warm und halte den Kelch – Fühlt sich warm und schön an!"

Ich: „Beobachte weiter - Wie entwickelt sich das Bild - Was passiert?

Sie: „Nichts! – Es ist einfach schön, erhaben und fühlt sich wundervoll geborgen an!"

„Ok! – Jetzt schau mal in den Kelch hinein –Was siehst du?"

Klientin:

„Es tauchen Gegenstände auf: Eine Feder – eine Perle und eine Bank"

Ok" – Tut sich noch etwas bzw. Wie geht der Film weiter?"

Sie: – nach einer Weile des Beobachtens: „Nein"

„Ok" – „Erkenne die Botschaft:

Du brauchst viel Ruhe – Gelassenheit (Bank!)

1. Die Feder spricht von Leichtigkeit in dir, die keinen Druck kennt und Zwang, in die du dich einfühlen solltest!

2. Die Perle ist der Schatz , den du von deinem Selbst bekommst , stehend für eine neue erfüllende Lebenssituation, wenn du dieses erhebende Bild einatmest bei jede Gelegenheit, dich darin einfühlst – Die Leichtigkeit der Feder spürst und die Ruhe, zu der dich die Bank einlädt. Es geht also nicht um Leistung oder der Beste sein zu müssen oder um Zwänge. Es gilt diese abzulegen durch diese innere Änderung in dir, die dich dann mit erfüllenderen Situationen in Berührung bringen wird – Es ändert sich, aber nicht durch dein Tun!"

Übe mit diesem Bild jeden Tag – Atme es und fühle die damit verbundenen Emotionen mehr und mehr in deinem Körper. Es ist die dich verwandelnde Kraft, die dich mit erfüllenderen Situationen in Berührung bringt. Wichtig ist dabei immer wieder als begleitende Anweisung bei allem was man tut, bei jeder Verrichtung und Handhabung (Kaffee kochen, Schreiben, etc...) Bild, Symbol und Gefühl hervor rufen mit:

„Ich bin erwünscht – Ich bin stolz auf mich" und lasse das Gefühl zu!"

Fazit: Nach etwa einem halben Jahr hatte sie ein erfüllendes Angebot als Heimleiterin!

Beispiel:

Eine 43- jährige Frau kommt mit Zystenbefall der Gebärmutter, die stoßweise ausbluteten, in die Praxis. Zwei Wochen später sollte die Totaloperation erfolgen. Sie hatte riesige Angst vor dem Verlust ihrer Weiblichkeit. Sie bat um psychologische Hilfe.

Auch hier möchte ich mir die Erläuterung der Psychodynamik der Krankheit ersparen und auf die Imaginationsarbeit eingehen.

Zuerst ließ ich sie über die Zahlen 0-9 den psychosomatischen Hintergrund erfassen. Sie wählte die „4" –das Symbol der Mutter, das Verfestigte. Aus der „Vier" heraus tauchte eine familiäre Situation auf, wo die streng konfessionell gläubige Mutter ständig ihre aufkeimende Weiblichkeit bemängelte:

Nicht nackt herumlaufen dürfen, ständig stark verhüllende Kleidung tragen, Sex sei unanständig- und man müsse es aufheben für den Richtigen, Als sie den ersten Lippenstift auftragen wollte, bekam sie Prügel.

Nach stabilisierender wertschätzender Innerer Kindarbeit ließ ich sie sie nach eingeleiteter Entspannung ihre Aufmerksamkeit in die Gebärmutter mit dem aus dem Inneren entstehenden Heilungsbild über die Zahlen 1-8 –die „8" (Symbol für Weiblichkeit, Sinnlichkeit, weibliche Sexualität) wählend schenken.

Sie nahm eine steinerne Landschaft wahr, die übersät war mit schwarzen Felsenspitzen aus Granit. Alles erschien depressiv und staubgrau.

Nach weiter Beobachtung geschah das wunderbar Heilende:

Die trockene Landschaft begann mit massiven Regenfällen wieder grünen. Sie bekam den feuchten angenehmen Geruch von Gras und innerer Geborgenheit und Ruhe, die ich sie minutenlang einatmen und erstarken ließ.

Desweiteren arbeiteten wir natürlich an ihren pathologischen Beziehungsmustern

Das Ergebnis war, dass die Zysten aufhörten zu bluten und schrumpften und eine Totaloperation zum Erstaunen der Ärzte nicht mehr nötig war. Der sich positiv verändert habende Röntgenbefund war für sie nicht zu erklären.

Keine Operation war notwendig!

Als Hausaufgabe bekam sie dieses Heilungsbild in sich wiederholend hineinzuatmen, wann immer sie es konnte.

Wichtig ist dabei immer wieder als begleitende Anweisung bei allem was man tut, bei jeder Verrichtung und Handhabung (Kaffee kochen, Schreiben, etc...) Bild, Symbol und Gefühl hervor rufen mit:

„Ich bin erwünscht – Ich bin stolz auf mich" und lasse das Gefühl zu!"

Beispiel:

Ein Mann war auf seiner Brust durch explodierendes heißes Rackletöl schwer verbrannt worden. Natürlich befand er sich nach einem Jahr Klinikaufenthalt in medizinischer Behandlung, wo die Narben mit Laserstrahlen behandelt wurden, um sein Äußeres wieder ansprechender zu gestalten.

Auf einem Seminar sprach er mich an, ob ich vielleicht durch die Aktivierung der Selbstheilungskräfte die medizinische Behandlung der Brustnarben noch unterstützen könnte. Sein psychosomatisches Leiden war diagnostiziert als „Narzisstische Störung"

Nach Vorgesprächen mit innere Kindheit auch über entsprechende Bilder mit Hilfe eines geschenkten Zahlensymbols zwischen „0" und „9" – Null wurde gewählt (Geborgenheit, Akzeptanz, Selbstannahme) ließen wir uns durch das magische Symbol des „Kelches" ein „Heilungsbild" geben:

Es war eine große Bienenwabe, in der eine große Biene ihren Honig einbrachte und damit die Wabe füllte.

Es fühlte sich schützend an, warme Geborgenheit vermittelnd

Dieses Bild wurde in mehreren Imaginationssitzungen auf die verbrannte Haut projizieren. Er selber, verschmolz in diesem Bild mit dem Krafttier „Biene", das er sich in seiner WertImagination gegeben hatte und füllte emsig als Biene die Waben mit dem erbetenen fließenden zähflüssigen gelben Honig, als „Heilungslicht" empfunden, mit dem er sich mehr und mehr „auflud"!

<u>Fazit:</u>

Es war unglaublich! - Innerhalb von sechs Wochen besserte sich, für die Mediziner unerklärlich sein Hautbild entscheidend!

Wichtig ist dabei immer wieder als begleitende Anweisung bei allem was man tut, bei jeder Verrichtung und Handhabung (Kaffee kochen, Schreiben, etc...) Bild, Symbol und Gefühl hervor rufen mit:

„Ich bin erwünscht – Ich bin stolz auf mich" und lasse das Gefühl zu!

Beispiel:

Kurze Einführung:

Eine Klientin litt seit Jahren an rheumatischen Schüben und zeitweiser Schilddrüsenüberfunktion. Sie wuchs in einem spannungsreichen, konfliktbeladenen Elternkonflikt mit eigentlich unvereinbaren Partnern auf, die aneinander nicht wachsen wollten oder konnten.
Ihre Krankheiten waren so das Ergebnis eines Lebens in den unvereinbaren Themen des Konfliktfeldes!

Mannigfaltige Besuche bei Psychologen mit ausschließlichen aufdeckenden Gesprächen ohne tiefenpsychologische Arbeit und Rheumakuren brachten zeitweise nur Erleichterung. Ihre berufliche Arbeit als Angestellte im Jugendamt litt darunter, da auch von jeglicher Förderung ausgeschlossen! ……..

Nach einer kurzen Phase der Entspannung bat ich sie an ihre Krankheiten zu denken und sich wie bei den anderen Beispielen die Frage zu stellen:

Was heilt mich!

Dann bat ich sie, sich eine Zahl zwischen „0 und 9" geben zu lassen.

In ihr stieg die Zahl „2" auf mit den Themen Vertrauen, Glaube an sich Intuitive Verbundenheit mit der Seele, Glaube an sich, an seine Visionen glauben.

Sie sah sich auf einer großen grünen Wiese stehen – Dort stand in der Mitte ein großer Baum – Ich ließ sie näher gehen. Der Baum strahlte und vermittelte Stärke und Größe, hatte dicke Wurzeln (Erdung und Realitätsbezug ist vorhanden, aber die Krone mit dem Blattwerk war grüngelb! – was heißt:

Ich gesteht sich keine Entfaltungsmöglichkeit zu, glaubt nicht an sich – fühlt sich nicht wert, das Sonnenlicht zu empfangen um fruchtbar sein zu können (Fühlt sich nicht würdig von Gott geliebt zu werden).

Beim Umrunden des Baumes entdeckten wir unten am Ansatz des Stammes eine große Verletzung aus der ständig Harz (untere Stelle des Baumes, d.h. frühkindliche Verletzung) tropfte!

Sie wusste nicht, was zu tun war und ihr Herz klopfte.

Die Situation schien festgefahren!

Ich ließ sie den Baum fragen:

„Was brauchst du lieber Baum? - „Ich will dir helfen"

Zugleich entstand aus dem nichts ein „luftige Elfe" mit einem „Zauberstab" die meine Klientin anblickte. Aber weiter geschah nichts.

Ich ließ sie nun in die Elfe einfühlen und ihre Energie spüren und sie mit drei Begriffen ausdrücken:

„Vertrauen, Zuversicht und sanfte Geborgenheit"

war die gefühlte Antwort.

Es tat sich immer noch nichts!

„Atme es ein", gebot ich ihr – „in deinen ganzen Körper – Erfülle dich damit, immer stärker – Atme weit und lasse es zu!"

Sie atmete sich so wirklich in immer größeres „Wohlbefinden".

Auf einmal nahm die Elfe den Zauberstab, hielt ihn kreisend ‚an die Baumwunde (ihre symbolische Krankheit) und langsam schloss sich die Wunde – Es fühlte sich wunderbar an – und der Baum begann zu blühen, die Blätter wurden grün und die Krone weiter und größer, sich dem Himmel entgegenstreckend.

Ich ließ sie solange in diesem gefühlten Wachstumsprozess, bis er augenscheinlich abgeschlossen war.

Danach ließ ich sie sich bei der Elfe bedanken und versprechen sich so oft wie möglich in dieses Finalbild einzufühlen und damit zu arbeiten. Die Elfe bedeutete ihr, dass sie dabei immer gerne dabei wäre, wenn sie gerufen würde!

Wichtig ist dabei immer wieder als begleitende Anweisung bei allem was man tut, bei jeder Verrichtung und Handhabung (Kaffee kochen, Schreiben, etc...) Bild, Symbol und Gefühl hervor rufen mit:

„Ich bin erwünscht – Ich bin stolz auf mich" und lasse das Gefühl zu!"

Fazit: Nach ca. die Wochen verschwand das Rheuma zusehends. Sie fühlte sich gesund und ergänzte ihre aufgenommene Arbeit noch durch die Tätigkeit eines „Therapieclowns" für behinderte Kinder

Nach einem ca. Jahr kam folgender Bericht:

„Lieber Axel,

bezugnehmend auf unsere letzte Sitzung waren wir ja so verblieben, dass ich Dir Rückmeldung geben sollte, wenn sich Veränderungen auf meinem Weg zu meiner wahren Identität abzeichnen... Ich möchte Dich nachfolgend daran teilhaben lassen:

Mein inneres Bild, das ich bei Dir ja damals geschenkt bekommen hatte, war ja die schwebende und schwingende heilende Elfe.

Sie hat mich jetzt dazu geführt, dass ich ab dem 15. Sept. eine mobile Praxis als Heilpraktiker für Psychotherapie eröffne, aber nur ausschließlich Klangtherapie anbiete. Halbe Stunde intuitive Klangtherapie, jeweils 15 Min. Vor- und Nachgespräch. Also keine übliche Praxis, in der rumgelabert wird. Das will ich nicht, ist auch nicht mein Weg! Die Elfe hat mir gezeigt, dass sie nur mit Schwingungen arbeiten möchte.

Es hat sich alles gefügt: der Kauf der Klanginstrumente, die Raumnutzung einer Praxis für Physiotherapie gleich um die Ecke, so dass ich nicht das Risiko mit dem Anmieten von Räumen habe, der Physiotherapeut möchte mich in seinem Team haben, öffnet mir alle Türen. Ich frage nicht nach dem Geld der teuren Anschaffungskosten für die Klanginstrumente. Ich mache es einfach, weil die Energie da fließt und nehme meinen Kopf da raus.

Finanziell wird es sich schon irgendwie fügen...Eine Klinik möchte mit mir langfristig zum Thema Klang forschen und eine Studie machen.... es fließt einfach so und ich folge dem Fluss.

Das Studium zur Musiktherapeutin hat für mich jetzt, wo ich der Elfe folge, mit Schwingungen zu arbeiten, einen anderen Sinn bekommen und ich glaube, dass ich gemeinsam mit der Elfe da auch durch komme, sofern ich sie nur im Fokus behalte. Ich wurschtel mich da irgendwie so durch, halte den Aufwand so gering wie möglich und habe die Noten und den Leistungsdruck total losgelassen.
Wer fragt denn danach, mit welchen Noten ich mit Anfang 50 abgeschlossen habe...habe erkannt, dass die Elfe den Studienabschluss haben will, um die Arbeit mit Schwingungen noch mehr zu vertiefen.

Ich will in keiner Klinik später arbeiten, keine klassische Berufsrolle übernehmen, sondern nur der Elfe folgen.... Inzwischen gehört die Elfe zu meinem Leben und die Arbeit inmitten des Schwingungsfeldes lässt mich dem Universum nah sein, Begrenzungen auflösen, fördert meine Weisheit und Spiritualität. Die Arbeit mit dem Klang, wenn ich selber mich liegend von einer fachkompetenten Frau beklingen lasse, führt mich in zuvor noch nie gekannte Trancezustände.

Ich kann Dir gar nicht genau sagen, was dann da so in mir vorgeht, irgendwas passiert aber, sodass ich loslassen kann und mich spirituell weiterentwickle. Damit kann ich auch mein Studium und alle damit einhergehenden Zwänge, die mich ankotzen, besonders in Statistik, ertragen. Ich bin gespannt, wohin mich die Elfe führen wird, ich bin bereit ihr zu folgen, studiere erst mal nebenher weiter."

Anmerkung:

Bei all den Beispielen wird wohl klar, wie flexibel und einfühlsam kreativ, man mit den Symbolen und Bildern aus der Seele arbeiten muss.
Starre Regeln helfen da nichts, sondern eine einfühlsame intuitive Führung des Klienten durch den „Bildfilm" , sprich ihre seelischen Bilder. Dazu benötigt man aber auch Wissen über die gängigsten Symbole, mit der sich Seele mitteilen und arbeiten will und zu guter letzt:

Was verlangt die Fortführung des „Seelenfilmes, die man durch intuitives Hineinspüren und Erfahrung unmittelbar erfassen sollte!

Dazu hilft mein ergänzendes Buch **„Merlin lebt – BOD Verlag"** mit vielen Beispielen und Symbollistungen aus dem imaginativen Tagtraumerleben (*Katathymes Bilderleben und dem hawaiianischen "Huna" - System*)

Die Symbol-Kabbala

Natürlich kann der Autor im Rahmen dieses Buches der kabbalistischen Quantensymbolheilung nicht auf das riesige umfangreiche Werk der Kabbala eingehen – Deshalb nur so viel zum Verständnis:

Das Kernstück der Kabbala ist der sogenannte Baum des Lebens auf dem die einzelnen Sephiroth sprich göttliche Ursprungskräfte in ihrem Zusammenwirken in sinnvoller Weise gemäß entsprechender diverser jahrhundertealter Interpretationssysteme angeordnet werden.
Zugeordnet werden, wie in der Astrologie, diese innerseelische Kräfte, in der modernen Psychologie Archetypen oder Psychoide genannte schon jeher Resonanzen zu entsprechenden Engelskräften, Pflanzen, Mineralien, Zahlen, Planeten.
Die Anordnung diese göttlichen Urkräfte zum Baum ist im Prinzip nicht eindeutig festgelegt, so dass sich im Laufe der Jahrtausende mehre Interpretations- und Anordnungssysteme heraus gebildet haben.
(Vgl. Das Buch der Schöpfung Sepher Jesirah S.15 – Aurinia Verlag!)

KABBALA heißt frei übersetzt etwa:

"Die Lehre, die von oben empfangen wird".

Die ägyptische Bedeutung kann demnach folgender-maßen interpretiert werden:

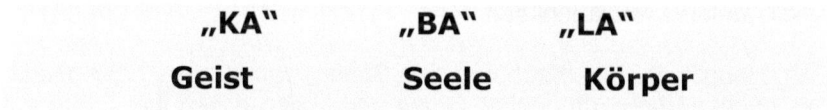

Die Numerologie, auch Merkabamystik genannt, befasst sich mit jenem Aspekt der kabbalistischen Lehre, der dem Mysterium, dem Geheimnis der Zahl, gilt, also mit der "inneren, schöpferischen Kraft" der Zahlen, im Gegensatz etwa zu der zweckmäßig gebrauchten "äußeren" Bedeutung, welche uns Zähl-, Mess -, Wäge- und allgemeine Rechenvorgänge ermöglicht.

Dabei gilt sowohl für die "innere" als auch für die "äußere" Ebene, dass die Zahl jeden Zustand, jedes Geschehen in eine Ordnung führt, wobei auch der Mensch keine Ausnahme bildet, denn jeder Mensch lebt in einer bestimmten Zahlenqualität.

Zum Beispiel lebt/symbolisiert jeder Tormann in einer Fußballmannschaft die Zahlenqualität „1" und verhält sich auch dementsprechend.

Die kabbalistische Numerologie ist als Ganzheitslehre ein Glaubenssystem. Glaubenssysteme aber werden nicht bewiesen, sie werden erlebt; sie haben ihre Legitimation als Erfahrbares in sich.

Die „Strahlen" der Heilung der „72 Engel" (oder auch Genien genannt) der Kabbala zum Beispiel sind, wenn auch in der Komplexität schwer zu erfassen wunderschöne, heilsame und kraftvolle Strahlen der Heilung, die spezielle spirituelle Bewusstseinsformen darstellen. Wir kommen demnach also mit diesen Energien mental, emotional und spirituell in besondere Bewusstseinszustände, die der Kraft und Qualität des jeweiligen Strahls der 72 Genien der Heilung entsprechen. Dies hilft uns, die entsprechenden Qualitäten in uns selbst hervor zu bringen, den jeweiligen Segen des Engels der 72 Genien zu empfangen, und dies dann auch in unseren äußeren Leben umzusetzen.
Genauso können wir uns aber der Symbolkraft der Kabbala mit ihrem Lebensbaum und seinen heilsamen Symbolen zusammen setzen um deren harmonisierenden Kräfte zu aktivieren.

Die jüdische Kabbala als Grundlage jeder Engels- und Zahlenlehre ist ein äußerst komplexes und stark ineinander vernetztes magisches System. Diese wurde viele Jahrhunderte als Geheimnis von Eingeweihten zu anderen weitergegeben.

Das Hauptbuch der Kabbala, der Sohar, wurde um 1280 nieder geschrieben. Viele „magische" Orden und Logen haben ihre Lehre auf der Kabbala aufgebaut. Die Kabbala wusste sich schon immer selbst zu schützen. Wie ihr übersetzter Name sagt, wurde sie "von Mund zu Ohr" weitergegeben, und das auch nur denen, die auch die Fähigkeiten hatten, ihre Geheimnisse zu durchdringen. Sie ist in der Tat nicht ganz einfach zu verstehen, denn die ist nicht nur hochkomplex, sondern auch noch stark verschlüsselt. Aber ihre Symbole und Visionen wirken aus einer Stille, wenn sich der Geist dem darin innewohnenden „Magischen" geöffnet hat der Mensch bereit ist, sich dadurch tragen zu lassen.

Doch auf ihr beruht eine Vielzahl dieser magischen Praktiken!

Die Weisen der Juden haben ein Schaltbild der Welt „Lebensbaum" genannt, gezeichnet, anhand dessen man alles, was ist, erklären kann. Unglaublich, aber wahr. Es sieht verführerisch einfach aus, das Bild des Lebensbaumes, und trotzdem birgt es nicht auslotbare Möglichkeiten.

Wir machen es uns an dieser Stelle einfach und beschränken uns auf zentrale praktische und nützliche Aspekt für unsere mentale Heilungsarbeit.

Der Lebensbaum selbst besteht aus zehn Stationen, den Sephiroth (Einzahl Sephira).
Wenn Sie dieses Wort etwas vernuschelt aussprechen, kommt nicht von ungefähr "Sphäre" dabei heraus.

Hinter jeder Sephirah verbirgt sich eine Kraft, genau wie hinter den Planeten oder den Bildern des Tarots. Auch das Tarot kann in Verbindung mit dem Lebensbaum gebracht werden.

Die großen Arkana entsprechen den zehn Sephiroth, die Trümpfe den 22 Wegverknüpfungen dazwischen. Die Sephiroth sind auch in der Form von Erzengeln darstellbar bzw. entsprechen diesen.

Diese Engel dürfen Sie sich nicht mit den himmlischen geflügelten Wesen vergleichen, die ab Dezember durch die irdischen Schaufenster flattern.

Die Sephiroth sind mit ihren Engels- und Zahlensymbolen gewaltige geistige Prinzipien, Geistatome, die man sich als farbige Säulen einer Kraft vorstellen kann, durch die magische Energie der Sephira des Lebensbaumes fließen.

Aber je nach Ausbildung Ihrer Visualisierungsfähigkeit können sie auch Gestalt in Form von Projektionen aus dem menschlichen Geist annehmen.

Herkömmliche Beschreibung der Kabbalistischen Sephira

Sephira Kether im herkömmlichen Sinne ist die erste oberste Station, sie ist die Krone des Lebensbaums. Kether heißt Krone, und in ihr ruhen alle Möglichkeiten der Schöpfung. Ihr Symbol ist die Swastika oder Spirale. Der zugehörige Erzengel ist Metatron, der Fürst der Umfassung, er ist eine Säule höchster farbloser Brillanz, das reine Licht.

Sephira Chockmah ist die zweite Station, sie ist die Energie, in der die Möglichkeiten wirken können. Ihr Symbol ist der magische Stab. Der Erzengel ist Raziel, der von Gott ausgesandt ist. Er ist der Engelfürst der höchsten Mysterien, eine graue Säule, durch die die Geheimnisse der Schöpfung herab strömen.

Die Sephira Binah ist die dritte Station, sie bringt die Form aller Möglichkeiten. Energie und Form sind der Beginn der Realität. Ihr Symbol ist der Kelch. Der Erzengel dieser Sphäre ist Zaphkiel, das Auge Gottes. Seine Kraft kann dazu führen, dass wir unserem Schicksal in die Augen sehen. Er stellt sich als schwarze Säule dar.

Sephira Chesed ist die vierte Station, sie ist die erste Stufe der Manifestation, des Sichtbarwerdens, die erste Darstellung der Ordnung. Ihr Symbol ist das gleicharmige Kreuz.
Der zugehörige Erzengel nennt sich Zadkiel, der „Gerechte Gottes", wobei unter dieser Gerechtigkeit weniger die richterliche Instanz als die Ausgewogenheit und Harmonie zu verstehen sind. Er wird als königsblaue Säule visualisiert.

Sephira Geburah ist die fünfte Station, sie kontrolliert die entstandene Manifestation und grenzt sie auf das notwendige Maß ein. Ihr Symbol ist das Schwert. Geburahs Erzengel ist Kamael, das Schwert Gottes.
Er ist derjenige, der strafend in das Bewusstsein der Menschen eingreift, die gegen die kosmischen Gesetze verstoßen haben. Stellen Sie ihn sich als flammend rote Säule vor.

Sephira Tiphereth ist die sechste Station, in ihr haben wir nach dem Zurechtstutzen in Geburah ein harmonisches Ergebnis erzielt. Tiphareth liegt herkömmlich im Zentrum des Lebensbaumes. Das Symbol ist der Punkt in der Mitte eines Kreises oder das keltische Kreuz.

Hier treffen wir vermutlich auf den ersten uns bekannten Erzengel. Es ist Michael, der Fürst des Lichtes. Er wird in Gemälden gegen den Drachen kämpfend dargestellt. Seine Farbe ist Sonnengelb. In Gefahr und Not kann er zu Hilfe gerufen werden.

Die Sephira Netzach ist die siebte Station, in ihr beginnt die Welt der Formen, hier wird das Ergebnis aus Tiphereth Gestalt annehmen. Ihr Symbol ist die Rose. Haniel ist der zugehörige Erzengel, die Verkörperung des lebendigen Gottes. Durch ihn können wir das Bewusstsein für wahre Schönheit erwerben und in die Zusammenhänge der Welt eindringen. Dieser Erzengel erscheint als smaragdgrüne Säule mit einer rosa Spitze.

Sephira Hod ist die achte Station, hier werden die Regeln aufgestellt und Ordnung geschaffen in den Manifestationen. Ihr Symbol ist der Name, aber auch der Caduceus, der Äskulapstab.

Von dem Erzengel Raphael, dem Heiler Gottes, werden Sie vermutlich schon gehört haben.
Er wird angerufen, wenn Kranke geheilt und Ordnung wieder hergestellt werden soll. Seine Farbe ist Orange.

Sephira Yesod ist die neunte Station und wird zu Recht das Fundament genannt, auf dem alles ruht.
Das Symbol ist die Sandale oder der Spiegel. Den Erzengel Gabriel, „der Starke aus Gott", kennt man als denjenigen, der Maria die Geburt ihres Sohnes verkündet. Über ihn können wir mit unserem Unbewussten in Verbindung treten. Seine Darstellung ist eine den Himmel und die Erde verbindende lila Säule mit Silberflimmer.

Sephira Malkuth ist die zehnte Station, sie wurzelt in der Erde, hier ist die Manifestation greifbare Materie geworden. Ihr Symbol ist der Kreis.
Sandalophon ist der Name des zugehörigen Erzengels, die Intelligenz der Erde. Er bestimmt Geschlecht und Persönlichkeit des Menschen vor der Geburt. Er wird auch mit dem Wächterengel gleichgesetzt, der dem Menschen den Zugang zu seinem Selbst ermöglicht.

Im Folgenden nun ein Überblick über die bekanntesten Erzengel der Kabbala:

Die zehn wichtigsten Erzengel verkörpern in der Kabbala die zehn sephirotischen Kräfte der „GEISTIGEN WELT", Lebensbaum, Numerologisches System genannt.

Der Kabbalistische Lebensbaum/Engelszuordnung

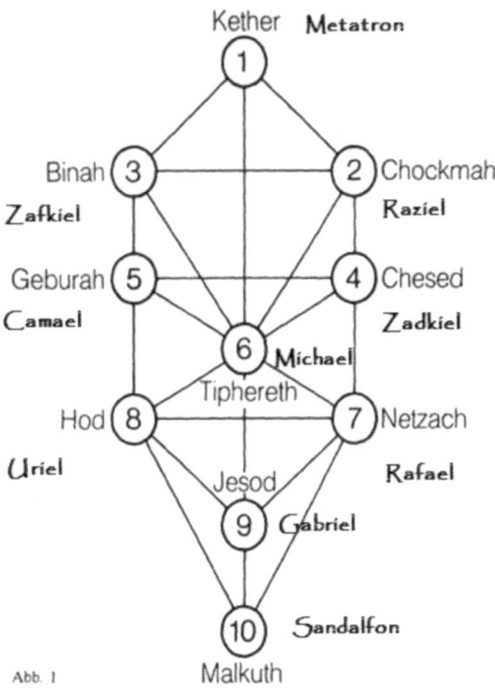

Abb. 1

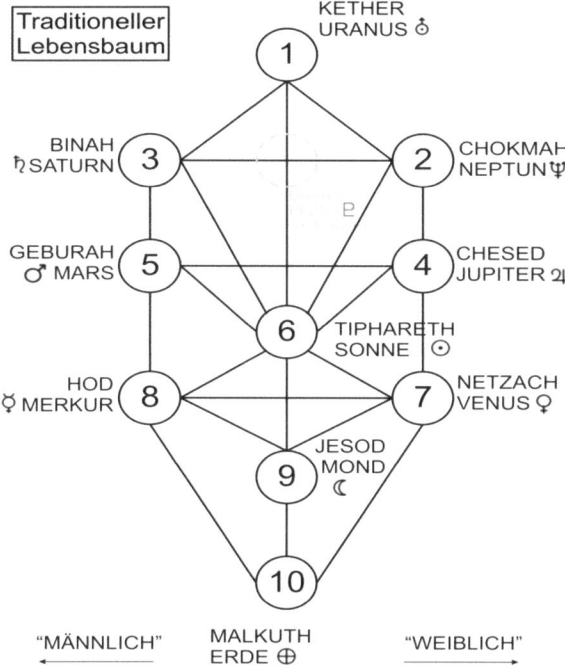

Unausgeglichene Zahlenwerte!
Falsch zugeordnete linke und rechte Seite

Der Autor selbst hat sich aus Gründen der effektiven Verknüpfung von Astrologie und Numerologie und der erfahrenen Quantenwirksamkeit der dazu gehörenden Symbole für das sogenannte Pentagrammsystem entschieden, das den Urkräften auch mit den Farben eine etwas andere Anordnung gibt!

Wer darüber etwas Genaueres erfahren will, der kann tiefer gehende Grundlagen und Herleitungen mit ihrem faszinierenden Interpretationsmöglichkeiten hinsichtlich des Charakters und psychosomatischen Gefährdungen des Menschen aus den qualifizierten Lehrgängen zum Symbolpsychologischen Berater oder weiteren Büchern erfahren!

Das Pentagramm und der Goldene Schnitt

Das Pentagramm - auch Drudenfuß, oder, von einem Kreis umgeben, „Pentakel" genannt - ist eines der ältesten und am weitesten verbreiteten magischen Symbole der Erde. Auf die vielfältigen magischen und mystischen Bedeutungen dieses schon im alten Ägypten verwendeten Symbols kann hier nicht eingegangen werden, es sind einfach zu viele. Die bekannteste und wohl auch wichtigste ist die Schutzfunktion, was seit Goethes „Faust" bekannt sein dürfte.

Pentagramm mit den Symbolen der Elemente und Zahlen

Kaum ein Symbol ist indes mit so vielen populären Irrtümern verbunden wie der das Pentagramm. Selbst in vielen Lexika ist zu lesen, es sei im Volksglauben ein Mittel, um - ausgerechnet - Hexen abzuwehren. Sowohl das mit der Doppelspitze nach oben zeigende Pentagramm, wie auch das nach unten gerichtete sind kein „böses" Symbol.

In der Natur kommt die Zahl "5", das Fünfeck und der Fünfstern häufig vor, denn die „5" ist eines der formbestimmendes Prinzipien der organisch belebten Natur.

Wir haben fünf Finger an einer Hand, alle Landwirbeltiere zeigen diesen fünfstrahligen Aufbau ihrer Endglieder, auch wenn man es manchmal, wie bei den Huftieren, nicht auf den ersten Blick sieht. Schneidet man einen Apfel quer durch, sieht man ein Fünfeck. Die meisten Blüten sind Fünfsterne, ebenso der Seestern. Natürliche Pentagramme finden sich weiterhin an fünfblättrigen Pflanzen, wie der Lilie oder dem Weinstock. Will man eine Rosenblüte geometrisch ideal konstruieren, so geht man vom Fünfstern aus. Auch Spinnennetze und Schneckengehäuse weisen neben der Spiralstruktur die des Pentagramms auf.

Es scheint also wirklich eine unumstößliche Tatsache zu sein, dass Gott, das Allumfassende, eine besondere Vorliebe für dieses kraftvolle Symbol, und es als Vorlage für seine Schöpfung sehr gerne benutzt.

Apfel und Pentagramm sind Symbole der Venus, die - ebenso wie der Mond - in vielen Kulturen das Urprinzip des Weiblichen verkörpert. Während die Venus in acht Jahren einmal durch den Tierkreis wandert, bildet sie fünf Konjunktionen mit der Sonne und zeichnet so einen riesigen Fünfstern an den Himmel.

Im alten Babylon war dieses Zeichen der Göttin Ischtar, die der Aphrodite bzw. Venus entspricht, zugeordnet.

Das Pentagramm ist also ein in der Natur weit verbreitetes und in der Kultur ein sehr altes Symbol. Dass man es praktisch überall und in den unterschiedlichsten Zusammenhängen findet, ist deshalb wenig überraschend.

Obwohl das Pentagramm bei den alten Ägyptern, in Mesopotamien, bei den Kelten und in vielen anderen Kulturen zu finden ist, ist es aller Wahrscheinlichkeit nach den Pythagoreern zu verdanken, dass es so tief in die abendländische Tradition eindringen konnte.

Bekanntlich waren die Pythagoreer Zahlenmystiker und Zahlenmagier. Im Sinne der Kabbala erkannte Pythagoras, dass die Zahl der Urgrund (Arche~) aller Dinge sei (s.o. Traum des Archeus!).
Er soll das Prinzip entdeckt haben, nach dem die Harmonien der Töne eines Saiteninstruments durch feste, zahlenmäßige Verhältnisse charakterisiert sind. Je einfacher das Zahlenverhältnis, desto harmonischer das Intervall. Kühn und genial übertrugen die Pythagoreer dieses Prinzip auf das gesamte Sein.
Sie sammelten geometrische Erfahrungssätze, wie den „Satz des Pythagoras", sahen sich in der Natur um, in ihren Zyklen, vor allem im Lauf der Gestirne, suchten nach harmonischen Zahlenverhältnissen - und fanden sie einfach überall. Das Universum ist eine Symphonie, durchdrungen von vielfältigen Harmonien, erfüllt von der unhörbaren, aber immer spürbaren, Sphärenmusik.

„Groß, allvollendet, allwirkend und himmlischen wie des menschlichen Lebens Urgrund und Führerin, teilhabend an allem, ist die Kraft der Zahl ... ohne diese ist alles unbegrenzt, unklar und unsichtbar."

So zitiert Aristoteles in seiner Metaphysik die Pythagoreer. Ein für die Geistesgeschichte überaus fruchtbarer Ansatz, praktisch die ganze Naturwissenschaft beruht auf der Erkenntnis, „dass das Buch der Natur in der Sprache der Mathematik geschrieben ist", wie Galileo so schön sagte. Die Erneuerer der Astronomie und damit der Physik, Kopernikus, Galileo, Kepler, auch Newton, waren allesamt „heimliche Pythagoreer", Gott war für sie der oberste Mathematiker. Die Quantenmechanik kann man als Sphärenmusik des Atoms auffassen, die Relativitätstheorie ist ein „Pythagorismus ungeahnten Ausmaßes" (Einstein), und die moderne Superstring-Theorie der Quantenphysik kommt den ursprünglichen Vorstellungen des Pythagoras erstaunlich nahe.

Der Magische Stern, das Pentagramm, hat nun verblüffende mathematische Eigenschaften. Er ist für Mathematiker ein Schatz und eine Herausforderung gleichermaßen. Die Strecken, die von Spitze zur Spitze führen, schneiden sich genau im Golden Schnitt. Er entsteht, wenn man eine Strecke so teilt, dass die Länge der Gesamtstrecke sich zum größeren Teil so verhält, wie die Länge des größeren Teils zum kleineren. Der Goldene Schnitt gilt als besonders ausbalanciertes Verhältnis zwischen den Extremen, zwischen Spannung und Entspannung, kurz: als Maß für Schönheit. Mit ein bisschen Geometrie und Algebra kann man dieses Goldene Verhältnis t ausrechnen: Es ist 1 plus Wurzel aus 5 geteilt durch 2 - das sind etwa 1,618. Der Punkt, der die Strecke im Goldenen Schnitt teilt, liegt dann bei 61,8 Prozent der Gesamtstrecke. In diesem Verhältnis teilen sich die Seiten des Pentagramms.

Die Mitte des Pentagramms bildet ein regelmäßiges Fünfeck, das Pentagon. Alle Seiten sind gleich lang und alle Innenwinkel gleich groß, nämlich 108°. Die Diagonalen sind ebenfalls gleich lang und teilen sich paarweise im Goldenen Verhältnis.

Der längere Diagonalenabschnitt ist so lang wie eine Seite: Diagonale und Seite stehen im Verhältnis des Goldenen Schnittes zueinander. Und alle Diagonalen des regelmäßigen Fünfecks zusammen bilden wieder ein Pentagramm, 2-mal im ursprünglichen Goldenen Schnitt kleiner als das Ursprüngliche, allerdings gespiegelt: Zeigt die Spitze des äußeren Pentagramms nach oben, zeigt die des inneren nach unten.

Ein gleichschenklige Dreieck, bei dem die Schenkel im Goldenen Schnitt so lang sind wie die Basis, nennt man Goldenes Dreieck, von den Pythagoreern „Alpha", als Symbol des Anfangs, genannt. Jede Sternspitze des Pentagramms ist ein Goldenes Dreieck. Fünffaches Alpha - griechisch „Pentalpha" - ist deshalb ein weiteren Name des Pentagramms.

Wegen des ästhetischen Eindrucks wird er in der Architektur und in der bildenden Kunst seit der Renaissance auch harmonische Teilung genannt. Stellt man irgendjemandem verschiedene Rechtecke zur Wahl, darunter eines, dessen Seiten im Goldenen Verhältnis stehen, und fragt, welches Rechteck sie oder er ganz spontan und locker ohne nachdenken für das schönsten von ihnen hält, wird die Wahl meistens auf das Goldene Rechteck fallen.

In der belebten Natur zeigen z.b. Körperproportion, Blattanordnungen sowie die Verästelungen von Pflanzen enge Verwandtschaft mit dieser harmonischen Teilung.
Deshalb ist er nicht verwunderlich, dass der Goldene Schnitt schon in den ältesten Bauwerken Ägyptens, Mesopotamiens und Anatoliens auftaucht, ohne dass die Architekten bzw. Künstler ihn lehrbuchmäßig korrekt konstruiert haben müssen - sie bauten einfach nach ästhetischem Gefühl, und dieses Gefühl führt regelmäßig zum Goldenen Schnitt.

Hippasos, der Sohn des Pythagoras, soll nun erster den Zusammenhang zwischen Goldenem Schnitt und dem Pentagramm erkannt haben. Immerhin zehn Mal lässt sich dieses Verhältnis in ihm finden. Wie kein zweites Symbol zeigt es also, dass alle Dinge göttlich sind und wir Menschen das Göttliche erkennen können. Die Pythagoreer folgerten weiter: Eine Figur, die so erfüllt ist von göttlicher Harmonie muss besondere Kräfte und Eigenschaften haben. So wurde das Pentagramm Symbol der Gesundheit und Zeichen ihrer Bruderschaft.

Im Prinzip besteht also dieser neue Lebensbaum aus dem Zusammenschieben von zwei Pentagrammen.
Das aufrechte Pentagramm war schon seit jeher in Astrologie, Kabbala, Numerologie das kraftvolle, bestärkende Symbol für den nach spirituell-sinnsuchenden aufrechten Menschen, der nach Selbsterkenntnis strebt.
Auf der anderen Seite gibt es die andere Polarität im Menschen im um 180 Grad umgedrehten Pentagramms, der nur nach außen orientiert die äußere Welt als Maßstab für sein Leben nimmt, nicht zu Kenntnis nehmen wollend, dass das Äußere nur das Innere spiegelt – was aber hier keine Wertung darstellen soll, da jeder Mensch in gewissen Entwicklungsstufen und Situationen und je nach Reife beide Polaritäten in sein Leben integrieren soll!

Denn Dunkelheit und das Licht ergänzen sich einander und das Licht erstrahlt umso heller, je stärke ein Mensch aus einer erfahrenen Dunkelheit mehr und mehr sein Licht erkennt! So unterstreicht Goethe in seinem Faust in seinem Prolog zwischen Gott und dem Mephisto deutlich diesen Sachverhalt:

„Ich bin der Teil von jener Kraft, die stets das Böse will und doch das Gute schafft"
(Vgl. dazu: Tarot: – Karte Nr. VI/ die Liebenden/ Gegenpol Karte Nummer XVI (Quersumme 6!) Der Teufel

DIE QUANTEN - PENTAGRAMMGRAPHIKEN

Wir erinnern uns:

Aus der Verwendung des Pentagramms ergeben sich auch ganz andere Zahlen und Sephira/Symbol~ sowie Farbenzuordnungen:

Neue ZAHL	SYMBOLIK	FARBE
1	Pluto/Daath	Weinrot/Granatrot
2	Neptun/Chokmah	Algengrün
3	Uranus/Kether	Stahlblau
4	Saturn/Binah	Schwarz/Grau
5	Jupiter/Chesed	Kardinalsrot
6	Mars/Geburah	Karminrot
7	Venus/Netzach	Rosa/ manchmal Grün
8	Merkur/Hod	Postgelb
9	Sonne/ Tiphareth	Goldgelb
0	Mond/Jesod	Silber/milchig/Opal

Schlüsselwörter und Symbole der Kabbalistischen Quantenheilung

Alle farbigen, im Folgenden behandelten Kartensymbole, werden farbig ab den Seiten 176! für die quantentherapeutische Arbeit dargestellt.
Sie können für die eigene Arbeit kopiert und als Farbkarten auf einen verstärkten Untergrund (z.B. Karton/ Plexiglasscheibe) aufgebracht werden!

Ansicht:

Aktuelles Quantenwirksames Pentagrammsystem mit seinen Kräften und resonatorischen Zahlenzuordnungen:

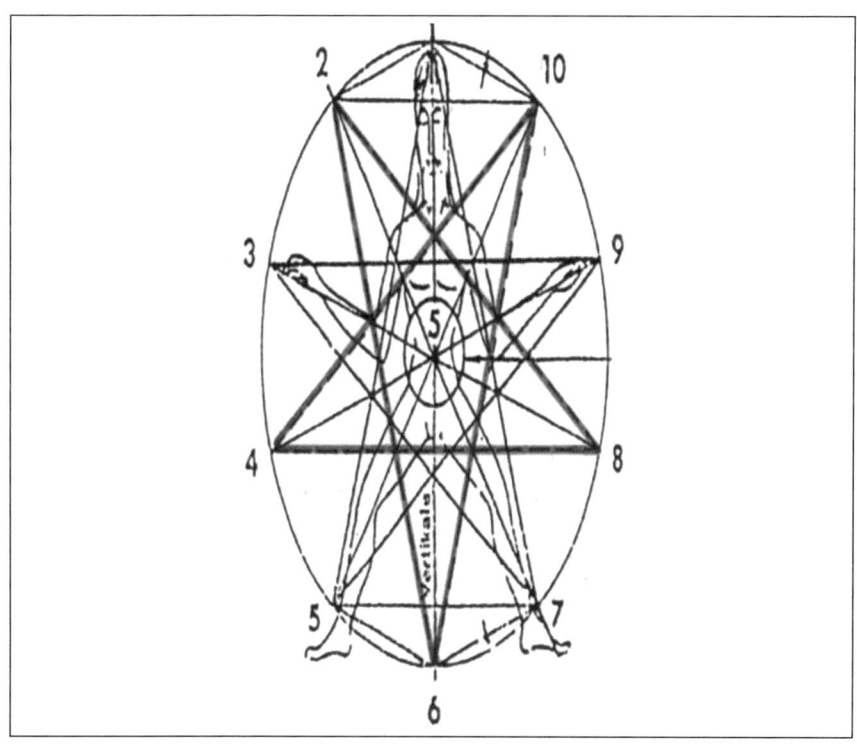

Schlüsselwörter und Symbole der Kabbalistischen Quantenheilung „Die Keywords"

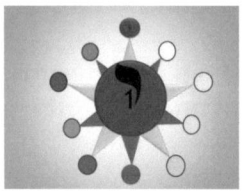

Zahl „1"- Pluto – Magenta/Schwarz
„Phönix aus der Asche" und Transformation

KEYWORD:

„Mein Licht in mir befreit mich von allen Zwängen"

Quantenkartenanwendung: Psychosomatik der ZAHL „ 1"

Sexualorgane und Sexualität unter ihrem Aspekt des Loslassens und der Hingabe.

Störungen zeigen sich in:

- Spastischen Erscheinungen, Verkrampfungen, Orgasmusprobleme, (Hingabestörungen, Verlust von Eigenmacht)
- alle Formen der Impotenz (Macht über sich und über die Partnerin)
- Sie rühren daher, dass sich der Mensch „Hingabe" nur als Ausgeliefertsein und Aufgefressen werden vorstellen kann. Darüber hinaus hat dieser Mensch oft durch elterliche, moralische oder religiöse Einflüsse eine ablehnende Einstellung zur Sexualität entwickelt.
- disharmonische Zellteilung (Wucherungen, Krebs, Erbschäden)
- Neigung zu Fehlgeburt und Kaiserschnitt (Loslassen und Festhalten des Kindes)
- Abtreibung (Kontrolle)
- Ausscheidungsorgane (Kontrolle über Abgabe und Zurückhaltung), Tabuzonen,
- Hämorrhoiden- Inkontinenz, Obstipation, Stuhl- und Harnverhalt
- das Nasenbein- vorangehender, zielführender Teil des Gesichtes (Verletzungen der Nase)
- Steißbein
- die Hypophyse (übergeordnete Steuerdrüse einiger Körperdrüsen)

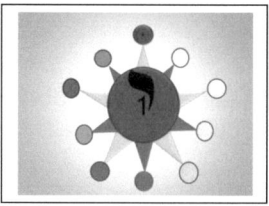

Zahl „1"- Pluto – Magenta/Schwarz
„Phönix aus der Asche" und Transformation

KEYWORD:

„Mein Licht in mir befreit mich von allen Zwängen"

Quantenkartenanwendung: Psychosomatik der ZAHL „ 1"

Sexualorgane und Sexualität unter ihrem Aspekt des Loslassens und der Hingabe.

Störungen zeigen sich in:

- Spastischen Erscheinungen, Verkrampfungen, Orgasmusprobleme, (Hingabestörungen, Verlust von Macht)
- alle Formen der Impotenz (Macht über sich und über die Partnerin)
- Sie rühren daher, dass sich der Mensch „Hingabe" nur als Ausgeliefertsein und Aufgefressen werden vorstellen kann. Darüber hinaus hat dieser Mensch oft durch elterliche, moralische oder religiöse Einflüsse eine ablehnende Einstellung zur Sexualität entwickelt.
- disharmonische Zellteilung (Wucherungen, Krebs, Erbschäden)
- Neigung zu Fehlgeburt und Kaiserschnitt (Loslassen und Festhalten des Kindes)
- Abtreibung (Kontrolle)
- Ausscheidungsorgane (Kontrolle über Abgabe und Zurückhaltung), Tabuzonen,
- Hämorrhoiden- Inkontinenz, Obstipation, Stuhl- und Harnverhalt
- das Nasenbein- vorangehender, zielführender Teil des Gesichtes (Verletzungen der Nase)
- Steißbein
- die Hypophyse (übergeordnete Steuerdrüse einiger Körperdrüsen)

Häufung der Zahl „1"

Mehrere Einsen bedeuten Ehrgeiz, Unabhängigkeit und individuelle Interessen. Dies kennzeichnet oft einen eigennützigen, herrischen Menschen.

Menschen mit Einserhäufungen haben schon während der Schwangerschaft das Programm bekommen, dass das Leben schwer ist, ihr Dasein für die Mutter und damit auch für das Ungeborene, in irgendeiner Form Existenz bedrohend war. Die persönliche Situation der Mutter war, wie und warum auch immer, schwierig. Es bestand -vielleicht unbewusst- die Frage, ob das Kind zu diesem Zeitpunkt wirklich einen Platz im Leben der Mutter hatte.

Die Erfahrung zeigt, dass Menschen mit einer Häufung der Zahl 1 sich dafür entschieden haben, möglichst viele karmische Lektionen zu erlösen. Sie werden mehrmals vom „plutonischen Blitz" getroffen, damit abgestorbene Äste (Verbindungen) abgeschlagen werden. Schmerzhafte Brüche im Lebenslauf sind vorprogrammiert: Wechsel des Arbeitsplatzes, der Wohnung, der gesamten Lebensumstände, Trennung von Menschen und Dingen, gesundheitliche Erschütterungen.

Aber sie sind stark genug, diesen permanenten, vom äußeren Geschehen verursachten Herausforderungen ins Auge zu sehen. Zu bedenken ist, dass Vergangenheit und Zukunft in gleicher Weise zur Wirkung kommen. Wenn der Mensch dafür den nötigen Mut aufbringt, und er bereit ist entsprechend hart an sich zu arbeiten, wird es ihm ermöglicht, bei vollem Bewusstsein über sein Schicksal zu urteilen und zu entscheiden. Aber er sollte ohne Hass und Frustration die dazu nötigen Prüfungen akzeptieren.

Läuft dieser Entwicklungsprozess nicht so, wie es dem menschlichen Willen entgegenkommt, kann es zu psychosomatischen Manifestationen kommen, die sich im Extremfall **Krebserkrankung** zeigt. Menschen mit Einserhäufungen können nicht loslassen und leben mit ihren Vorstellungen vom Leben. So, wie sie es sich vorstellen, muss das Leben sich entwickeln, so müssen die Menschen, die Lebenssituationen sein.
Findet nun aber das Vorgestellte nicht so seine Form, wie es sich der Mensch mit mehreren Einsen von Leben erwartet oder gar fordert, ist er wütend und enttäuscht, projiziert Schuld auf die Menschen, die nicht so reagieren, wie er es erwartet oder seiner Ansicht nach verdient. Er ist böse mit der Welt und macht dem, was er Gott nennt, Vorwürfe.

Lieber als er seine Vorstellungen loslässt, lässt er sein Leben los, indem seine Zellen sich zerstörerisch selbständig machen und die Grundlage für das Ende des „Elends" legen.

Die Lernaufgabe bei der Häufung der Zahl „1":
Die Erfahrung der eigenen Machtlosigkeit gegenüber dem ständigen Fluss des Lebens zulassen und den Unterschied zwischen der Realität und der Vorstellung erkennen. Hiermit ist gemeint, sich dem ständigen Prozess des Sterbens und Loslassens (des sich Häutens) hingeben.

Fehlen der Zahl „1"

Thema ist die Formulierung und Verwirklichung von Lebenszielen (inneres Leitbild). Dem Drang nach der Überwindung des Alten, Überlebten sowie der Geburt des Neuen, Verwandelnden, muss nachgegeben werden. Die Suche nach den letztmöglichen Grenzen der Erfahrung sollte aufgenommen werden. Der Mensch muss bereit werden zu grundlegender Wandlung

So gilt es, folgende Fähigkeiten zu entwickeln.

- Energien aus archaischen Schichten der Seele neu geformt zur Wirkung zu bringen; d.h. alte Vorstellungen, Einstellungen und Verhaltensmuster abzubauen, los zu lassen, damit sich neue bilden können
- Pläne und Konzepte entwickeln, aufgrund eigener Meinungsbildung
- seine Einstellung zu sich und dem Leben zu ändern, um den Weg zu finden, der im Lebensplan vorgesehen ist
- sich selbst in seinem Tun sicher werden
- Manipulationen durchschauen können

Kurz gesagt: man sollte sein eigener "Chef" werden. Dabei muss man lernen, sich zu binden und Beziehungen herstellen, ohne sich in Abhängigkeiten zu begeben.

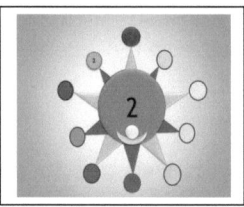

Zahl „2" - Neptun – Flaschengrün/Hellviolett

KEYWORD: „ Ich bin die Erfüllung aus Mir"

Quantenkartenanwendung: Psychosomatik der Zahl „2"

Psychosomatisch gehören folgende Organe und Krankheitssymptome zum Neptun-Prinzip:

- Vergiftungen und Suchtneigung bis hin zur Suizidgefährdung, dem "Auslöschen wollen" aus hilfloser Schwäche
- psychische Erkrankungen mit Verlust des Realitätsbezugs, Schizophrenie, Wahnvorstellungen
- Eigenartige oder geheimnisvolle Krankheiten (Neptun vernebelt)
- Neigung zu Betäubungsmitteln,
- exzessives Lesen oder Reisen (Sucht, Kompensation,)
- Erschlaffung der Organe bis hin zu Lähmungen
- Erkältungen und Koliken durch kalte Füße d.h., die Füße sind hier besonders empfindlich
- Außerdem zeichnet sich hier an der Haut, dem sowohl abgrenzenden wie verbindenden Organ, nicht selten eine beginnende Krankheit ab, z. B. Allergien
- Niedriger Blutdruck mit Kreislaufregulationsstörungen

Häufung der Zahl „2"

Diese Menschen haben oft ein hohes intuitives Niveau und eine eigene Moral, die sie in allen Handlungen ihres Lebens leitet. Sie sollten den Sinn ihrer Begabung finden, ihre angeborenen Schätze *zum Wohle der Menschheit* nutzen und bereit sein, dafür ein persönliches Opfer zu bringen.

Mehrere Zweien zeigen Takt und Diplomatie an. Sie sind einfühlsam und sozial eingestellt und haben eine ausgeprägte Phantasie, die sich in gutem bildhaften Vorstellungsvermögen zeigt. Sie sind zur Zusammenarbeit mit anderen bereit.

In ihrer negativen Darstellung neigen Menschen mit mehreren Zweien zu Verschwommenheit, Unklarheit, Rausch und Sucht.

Bei einer Häufung des Neptun-Prinzips könnte die Mutter während der Schwangerschaft im Zustand der Täuschung gelebt haben oder auch während der Schwangerschaft oder bei der Geburt narkotisierende Mittel erhalten haben.

Die Lernaufgabe bei der Häufung der Zahl „2"

Der Mensch sollte ein abgegrenztes individuelles Ich aufbauen, zu einer persönlichen Identität finden und erkennen, dass dies nur eine vorüber gehende und zeitlich begrenzte Form ist, die eine Aufgabe im irdischen Dasein zu erfüllen hat. Er soll sich fragen, wo ein Hang zu Illusionen, zu Täuschung, Schwindel, Idealisierung besteht und die Neigung, Bedürfnisse, Wünsche und Antrieb zu betäuben.

Fehlen der Zahl „2"

Ist das Neptunprinzip als Lernpunkt gegeben, will es dem Menschen die Hintergründe seines Lebens aufzeigen; d.h., Unbewusstes wird zugänglich gemacht. Es ist manchmal notwendig, dass für eine gewisse Zeit Vordergründigem seine Wichtigkeit genommen wird. Dazu dienen Zeiten des Rückzuges -freiwillig in Form von selbst gewähltem Rückzug- oder unfreiwillig - etwa durch Krankheit, die einen aus dem Außen zurückruft oder durch Inhaftierung.
Fehlt in den Geburtszahlen die Zahl 2, sollten folgende Fähigkeiten, die zum Neptun-Prinzip gehören, ausgebildet werden:

- das Ahnungsvermögen, d.h. seine seelische Antenne, entwickeln
- aktiv sein Bewusstsein erweitern
- auf die Träume achten , Phantasie entfalten - aber Vorsicht vor ungeprüften Wunschbildern und Vorstellungen
- Gefühle anderer Menschen wahrnehmen
- Hintergründe aufdecken ohne Angst vor Ent-Täuschung
- die Auflösung von alten Idealen und Vorstellungen

Lernaufgabe bei der fehlenden Zahl „2"

- Die Suche nach der Wahrheit;
- Entdeckung der Zusammenhänge, die hinter den Dingen stehen;
- die Suche nach der Lösung und der Befreiung von Leid;
- das Aufgeben von Illusionen mit dem Ziel, Vertrauen zu finden in die Sinnhaftigkeit des Seins, vor allen Dingen in der Wahrheit und Einheit allen Seins.

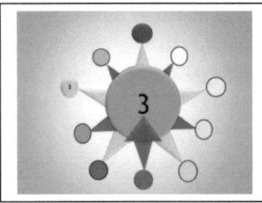 **Zahl „3" - Uranus – Hellblau/Stahlblau**

KEYWORD: „Ich bin einzigartig"

Quantenkartenanwendung: Psychosomatik der Zahl „3"

Psychosomatisch gehören folgende Organe und Krankheitssymptome zum Uranus-Prinzip:

- das Nervensystem mit Gehirn, Rückenmark und peripheren Nerven
- Krampfzustände (z.b. Wadenkrämpfe, Magenkrämpfe, Asthma)
- Restless legs (Zappelbeine)
- Epilepsie
- *plötzliche* Operationen
- Schlafstörungen durch Gedankenandrang und innere Unruhe
- Verletzungen und Kopfschmerzen, bedingt durch Nervosität, die auf der Behinderung er freien Entfaltung basiert,
- der Volksmund: "er hat den Kopf voll Ideen" oder "diese Angelegenheit macht mir Kopfzerbrechen"
- Schilddrüsenüberfunktion, „er dreht innerlich auf Hochtouren"
- bestimmte Formen von Bluthochdruck

Fehlen der Zahl „3"

Lernaufgabe bei der fehlenden Zahl 3

- als individuelle Persönlichkeit anerkannt zu werden, die ihren Beitrag zur Gesellschaft und deren Aufgaben leistet;
- Erneuerung und Reform des Bestehenden mit dem Ziel einer besseren und gerechteren Welt;
- Drang, seinen Idealen zu genügen und geistige Unabhängigkeit zu erreichen

Fehlt die Zahl 3, so gilt es folgende Fähigkeiten zu entwickeln:

Sich frei und unbändig zu fühlen. Da jedoch Freiheit relativ ist und jeder etwas anderes unter Freiheit versteht, kann jeder die Fähigkeit zu seiner ureigenen Freiheit nur selbst entwickeln.
Es gilt:

- mit anderen Menschen etwas gemeinsam zu unternehmen
- sich trauen, Dinge zu tun, die Mut verlangen
- für Abwechslung zu sorgen
- blitzartige Entscheidungen zu treffen
- seine Talente zu entwickeln
- zu Provokation und Rebellion und Revolution bereit sein

Allerdings hat jede Revolution, jedes Verlangen nach Freiheit, die von außen aufgesetzt ist, wenig Sinn, da sich die Veränderung im Inneren jedes Individuums selbst vollziehen muss. Für den, der innerlich frei ist, erübrigt sich sowieso jede Revolution, denn die gewachsene, entwickelte innere Freiheit zeigt sich auch in äußerer Freiheit. (Wie innen, so außen!)

Häufung der Zahl „3"

Eine Häufung der Zahl 3 im Geburtsdatum deutet auf eine Veranlagung zu Spontaneität bis hin zur isolierenden Egozentrik hin.

Diese Menschen besitzen oft große Geistesqualitäten mit einem außergewöhnlich hohen intellektuellen Niveau. Sie sehen keinen Sinn darin, sich auf ein bestimmtes Ziel festzulegen. So haben sie oft nach einer begeisternden, Jugendzeit voller revolutionierenden Ideen, die Tendenz, darauf, zu verzichten, ihre angeborenen Talente in den Dienst der Allgemeinheit zu stellen.

Mehrere Dreien zeigen die Fähigkeit zu gutem Selbstausdruck. Sie können begeistern und besitzen einen guten Sinn für Humor. Sie sollten lernen, Verantwortung zu übernehmen und vor überschnellen Entscheidungen den Überblick zu wahren.

Ein umgekehrter Effekt der Dreierhäufung ist die Resignation, da die Menge der Impulse so groß sein kann, dass die Reaktion darauf Untätigkeit ist. Es können, bei aller Mühe, doch nicht alle Dinge ausgeführt werden, die ein uranisch bestimmter Geist sich ausdenkt und es kann die Gefahr der Verzettelung bestehen.

Die Lernaufgabe bei der Häufung der Zahl „3"

- den Kontrast zwischen Ideal und Wirklichkeit erkennen; (die oft stürmische Begeisterung lässt keinen Raum für kritisches Überdenken der Konsequenzen)
- sich fragen, wo eigene neue fortschrittliche oder sogar visionäre Gedanken eingebracht werden können,
- beobachten, bei welchen Themen eine Neigung zu immer wieder kehrender Unzufriedenheit mit den bestehenden Regeln besteht und wo unruhig und nervös reagiert wird.

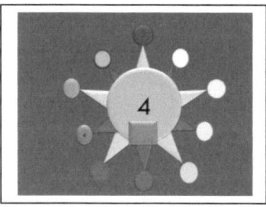

Die Zahl „4" - Saturn -
Dunkelblau – Grau - Braun

KEYWORD:

„ Ich bin verantwortungs- und zielorientiert"

Quantenkartenanwendung: Psychosomatik der Zahl „4"

Psychosomatisch gehören zum Saturn-Prinzip:

- die Organgruppe Knochen,
- der gesamte Kalkhaushalt,
- das Knochengerüst
- alle Alterserscheinungen und -erkrankungen
- alle sogenannten chronischen Krankheiten, die durch Stoffwechselverlangsamung ausgelöst sind, bis zur Gelenkversteifung und Arthrose
- chronischer Rheumatismus, bei dem vornehmlich das Bindegewebe in Mitleidenschaft gezogen wird und das zur vollkommenen Bewegungsunfähigkeit führen kann
- Angina Pectoris (Verkalkung der großen Gefäße, die das Herz mit Blut versorgen)
- Orientierungs -und Gedächtnisstörungen, die aus Verkalkung der Hirngefäße resultieren
- Schwerhörigkeit durch Verknöchern der Gehörknöchelchen
- Steinbildung in Nieren, Galle, Speicheldrüsen
- Haut, Haare, Nägel

Fehlen der Zahl „4"

Dieser Mensch hat Schwierigkeiten mit klaren Spielregeln und Normen. Ihm fehlt Disziplin und die Fähigkeit, ohne Berechnung zu helfen und sich selbst zu organisieren. Leistung erbringen und sich Ziele setzen ist ebenfalls keine Selbstverständlichkeit.

Seine Aufgaben bewältigt er, wenn er dafür Begeisterung aufbringen kann, aber Pflichtgefühl ist selten der Antrieb.

Fehlt die Zahl „4", so gilt es folgende Fähigkeiten zu erwerben:

- die Gesetzmäßigkeiten des eigenen Lebens zu entdecken
- sich Ziele zu setzen
- in seinem Inneren eine Disziplin und Durchhaltevermögen bilden und
- eigene klare Maßstäbe zu entwerfen
- eigene Rechte durchzusetzen
- Eigenverantwortung zu übernehmen
- Es sollten auch Konzentrations-, Bewusstseins-, Rechts- Korrektur-, Konsequenz und Kontinuitätsfähigkeit erworben werden

Häufung der Zahl „4"

Wird durch Häufung der Zahl 24" im Geburtsdatum das Saturnische über-wertig, führt es zu starrem Festhalten am Gewohnten aus Angst, nichts "Anderes" zu dürfen Es lässt den Menschen dann alles Neue fürchten, lebendige Entwicklung scheuen oder bekämpfen. Man kann zum "Chronos" der griechischen Mythologie werden, der seine Kinder (sprich: Ideen) nach der Geburt gleich auffrisst und so zum großen Vermeider wird. Hier sollte das Zögernde, Schwere, Zurückhaltende, "Super-Gründliche", das Nicht-Hergeben, Nicht-Loslassen-können überwunden werden (Organsprache beachten!).

Für jede Art von Erfolg wird hier intensiv gearbeitet. Das Glück ist aus dem Leben zwar nicht verbannt, wird aber erst nach hartnäckiger, ausdauernder Arbeit sichtbar. Es sollten die Qualitäten Willenskraft, Fleiß und Geduld in die Tat umgesetzt werden sowie die intellektuelle Fähigkeit, lästige und lang andauernde Arbeiten auf sich nehmen zu können. Alles geht langsam, oft auch mühsam vonstatten, dafür ist das Erreichte dann oft von außergewöhnlicher Stabilität. Saturn weist auf das Erarbeitete und durch Leiden Begriffene hin, dem wir treu bleiben sollten, ohne dabei starrsinnig zu werden.

Mehrere Vieren bedeuten Wirtschaftlichkeit, Sparsamkeit, Ordnung, Ehrlichkeit und einen Hang zu schwieriger Arbeit. Sie sollten lernen, sich zu konzentrieren und gute Beurteilung anzuwenden. Im Umgang mit anderen Menschen sollen sie zu ihren eigenen Prinzipien stehen und sie einfordern. Sie sind gut in Details und Routine, könnten aber eigensinnig sein.

Das Leben und die Entscheidungen werden nach den Gesetzen der Umwelt ausgerichtet. Wichtiger Grundsatz ist: „Das tut man, oder man tut es nicht."

Die Lernaufgabe bei der Häufung der Zahl „4"

- Langsames Reifen; zu viel Kontrolle und Disziplinierung; Verantwortung relativieren;
- Flexibler werden, um ein Ziel zu erreichen;
- die konservativen, traditionellen und "bewährten" Verhaltensweisen die Gebiete hinterfragen, wo besonders verletzbar, empfindlich und ängstlich reagiert wird und wo das Gefühl aufkommt, unsicher, ungenügend, unfrei und gehemmt zu sein, weil Angst da, Normen nicht zu erfüllen!
- fragen, bei welchen Themen Misstrauen Unzufriedenheit und Nörgelei auftreten
- mehr Spontaneität und Lebensfreude.

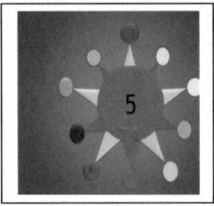

Zahl „5" - Jupiter – Purpur/Kardinalsrot
„ Ich darf mich entfalten und wachsen"

KEYWORD: „Ich darf mich entfalten und wachsen"

Quantenkartenanwendung: Psychosomatik der Zahl „5"

Psychosomatisch gehören folgende Organe zum Jupiter-Prinzip:

Hüften und Oberschenkel, denn sie entsprechen dem sportlichen Zeichen Schütze: sein System ist die Fortbewegung. Deshalb ist Vorsicht vor Hüftgelenksverletzungen geboten; Lumbalgien, Ischias und Hexenschuss.

Diesem Gestaltungsprinzip wird auch die Leber zugeordnet. Man setzt sie in Beziehung zu den aufbauenden Assimilationsprozessen im Körper, zur Ernährung und zum Wachstum. Man spricht hier von dem Prinzip, das die Einzelprozesse im Hinblick auf das Wohl des Ganzen steuert, das Vermehrung der Substanz und Speicherung von Überschussreserven (Fettreserven, Zucker) bewirkt. Der Volksmund spricht dann vom *Kummerspeck*. Unter der Vorstellung, dass LEBER gleich LEBEN bedeutet ergibt sich der Zusammenhang mit Depression.

Leberstörungen trifft man häufig bei Menschen an, die mit ihren Idealen Probleme haben. Sie sind meist zu großzügig und zu freigiebig. Dadurch vergeuden sie zu viel eigene Energie (Lebenskraft).

So wird vielleicht auch verständlich, dass bei Überfunktion dieses Prinzips Wucherungen entstehen können und dass Maßlosigkeit seine Gefahr ist.

- Vergrößerungen und Wucherungen
- gutartige Tumore (Adenome, Fibrome, Lipome, Myome)
- Ernährungsstörungen (Fettsucht, Bulämie, erhöhter Colesterinspiegel)

Häufung der Zahl „5"

Bei Häufung der Zahl 5 im Geburtsdatum kann man im reifen Zustand eine großformatige Persönlichkeit mit Weitblick und Lebensweisheit antreffen. In den unbearbeiteten Ausdruck wird er als ein aufgeblasener "salbungsvoller" Mensch, der gleichsam an "Ich-Blähungen" leidet, erlebt.
Hier kann Verschwendungssucht, Spielertum bis zur Hochstapelei vorkommen. Es sind Menschen mit oft fragwürdigen Missionsgefühlen, dem so genannten "Mutter-Theresa-Syndrom".

Hinter diesem Menschen verbirgt sich ein aggressiver, ehrgeiziger oder harter, (meist gut verschleierter) Charakterzug. Dieser ist die eigentliche Motivation des Betroffenen in seinen Beziehungen zu den Mitmenschen. Selbstlose Liebe tritt dabei in den Hintergrund, denn es besteht die Tendenz, alles, was der Selbstverwirklichung dient, als vorrangig und alles Übrige als zweitrangig zu betrachten.

Die Lernaufgabe bei der Häufung der Zahl „5"

- den missionarische Drang, allen helfen zu wollen, einschränken;
- den Standpunkt eines jeden Menschen anerkennen;
- Betrachtung einzelner Faktoren als Grundbausteine des Ganzen;
- den Hang zur Übertreibung überwinden; (Manische Episoden)
- den Drang nach Expansion hinterfragen;
- den Unterschied zwischen heilig und scheinheilig erkennen.

Fehlen der Zahl „5"

Fehlt die Zahl „5", so gilt es folgende Fähigkeiten zu entwickeln:

- bestehende Partnerschaften weiter zu entwickeln und zu verbessern
- allgemein: anderen etwas Positives zu geben und Glück zu bringen
- zu eigener Sinnfindung im Leben zu gelangen
- eine eigene Weltanschauung und Lebensphilosopie zu entwickeln
- etwas aufzubauen und zu verbessern sowie sich ständig weiter zu bilden, sich geistig auszudrücken
- Es ist hier überhaupt Toleranz, Einsichtigkeit, Expansions-, Glücks, und Bildungsfähigkeit zu erlernen.

Lernaufgabe bei der fehlenden Zahl „5"

- Die Suche nach dem Sinn;
- allgemein gültige Werte finden, um damit die Hoffnung auf eine
- vollkommenere Welt zu verwirklichen;
- Erweiterung des geistigen Horizonts;
- ganzheitliche Betrachtungsweise;
- soziales Engagement;
- sinnvoll gelenkte Energie und Einsatzbereitschaft;
- dem Leben optimistisch begegnen;

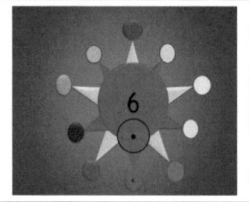

Zahl „6" - Mars – Rot
„Aktivität und Dynamik"

Keyword: „Ich bin Kraft und Stärke"

Quantenkartenanwendung: Psychosomatik der Zahl „6"

Psychosomatisch gehören folgende Organe und Krankheitssymptome zum Marsprinzip:

- der Wärmehaushalt des Körpers, der Eisengehalt des Blutes und die Arterien
- die männlichen Geschlechtsorgane- Testosteron, das zum Wachstum der Muskulatur anregt
- Bänder, Sehnen und die speziellen Erkrankungen der Muskeln
- akute und chronische Entzündungen; die betroffenen Organe entsprechen dem Ausdruck des Konfliktes
- Psychosomatische Redensart dazu:
"Ich koche innerlich vor Wut, aber ich kann es nicht zeigen" oder „ich bin ehrgeizig- leider kann ich nicht so, wie ich will, ich möchte alles zusammenschlagen!"
- die Zähne
- Heuschnupfen, (das Frühjahr ist ein Marssymbol)

- alle entzündlichen Prozesse mit Fieber, Infektionen, Abszesse, Furunkel,
- Galle und Gallenkoliken
- Unfälle ,Verletzungen, Operationen
- Verbrennungen und Verbrühungen

Häufung der Zahl „6"

Wem das Schicksal in Form einer Häufung der Zahl 6 im Geburtsdatum einen so genannten starken Marseinfluß mitgegeben hat, wird mit dem Thema "Wut und Zorn bis hin zur Zerstörungslust" konfrontiert.

Man hat zu lernen, diese Energie in kreative, gesellschaftliche konstruktive Kanäle zu lenken. Manche Menschen mit einem betonten Mars haben etwas Streitbares, Intolerantes an sich und versuchen, sich auf jede Weise durchzusetzen. In den damit unvermeidlichen Zusammenstößen mit der Umwelt liegt die Chance sich seiner Wirkung auf andere bewusst zu werden und seine Verhaltensweisen zu korrigieren.

Oft wird eine Sechser--Häufung durch betont ruhiges und liebenswertes Verhalten kompensiert, da der betreffende Mensch unbewusst um sein zerstörerisches Potential weiß und es unter sorgsamem Verschluss hält.

Je häufiger die 6 vorhanden ist, umso höher ist das sexuelle Potential, das ausgelebt oder transformiert werden muss. Andernfalls richtet sich die Energie in Form von Aggression nach innen (Krankheit) oder außen (Streit, Unfälle).

Die Lernaufgabe bei der Häufung der Zahl „6"

- Der richtige Einsatz des Aggressionspotentials;
- Mäßigung und die Fähigkeit, abzuwägen;
- Geduld und Rücksichtnahme erlernen;
- Bewusstes planvolles Handeln; Koordination von denken und
- handeln;
- Beständigkeit und Ausdauer.

Fehlen der Zahl „6"

Fehlt die Zahl „6", so fordert Mars uns auf, Durchsetzungsfähigkeit und Selbstbehauptung zu erlernen und folgende Fähigkeiten zu entwickeln:

- Ergreifen von Initiative d.h., aktiv werden
- Selbstbehauptung
- Willenskraft, Leistungswillen, Eroberungslust
- Impulse setzen, d h, etwas in Gang bringen (auch sexuell)- Pioniergeist entfalten
- gezielte Motorik , Lust an Aktivität; insbesondere durch sportliche Betätigung Energien konstruktiv einsetzen
- seinen eigenen Körper entdecken und damit die Möglichkeit, Energie umzuwandeln (Sexualchakra)

Motivation bei der fehlenden Zahl „6"

- Handeln aus Freude an Aktivität und Bewegung;
- den Willen zur Selbstdurchsetzung entwickeln;
- das Finden und erobern des eigenen Platzes im Außen;
- erobern neuer Positionen;
- Pionier werden;
- Ansporn durch Konkurrenz und Wettbewerb akzeptieren;
- Messen der eigenen Kräfte; Verfolgen von instinktiv begehrten Zielen – Dranbleiben können.

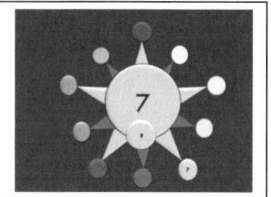

Zahl „7" - Sonne – Sonnengelb
Mittelpunktsstreben

Keyword: „Ich bin stolz auf mich"

Quantenkartenanwendung: Psychosomatik der Zahl „7"

Psychosomatisch gehören zum Prinzip der Sonne:

- Beeindruckendes Erscheinen wollen – stolzer Blick,
- „Löwenmähne" mit tiefem Haaransatz
- Organe: Herz, Augen 5.-9.-Brustwirbel, lange Rückenmuskulatur
- Grundsätzliche Störungen: (Vermehrte oder) verminderte Vitalität
- das Herz- bis zur Herzvergrößerung, Herzschwäche, Herzerweiterung, Herzverfettung (auch Angina Pectoris, aber eher „4")
- das Kreislaufsystem, der Blutdruck, die Puls- oder Schlagader (auch zu „6")
- man kann z.B. aus Herz und Kreislaufbeschwerden lernen, den Mut aufzubringen, dem Impuls des Herzen zu folgen,
- Das Herz reagiert auf Erregung, und es sagt der Volksmund: " Es drückt mir das Herz ab", oder ..." sie hat ihr Herz verloren", was auch heißen kann: mir fehlt das Vertrauen, auf eigenen Füßen zu stehen, ich fühle mich der Situation nicht gewachsen.
- Wirbelsäulen -und Rückenerkrankungen
- die Vitalität und die Regenerationskräfte im Organismus - auch organische Über- oder Unterfunktion, bis hin zu Schwächezuständen und Ohnmachten,
- die Gebärmutter, Eierstöcke und Hoden als Sitz der Kreativität

Häufung der Zahl „7"

Bei einer Häufung der Zahl „7" im Geburtsdatum geht es um Probleme der Gesamtpersönlichkeit, um Selbstfindung und Selbstbestimmung.

Negative Eigenschaften sind: Hochmut, Selbstüberschätzung.

Unter Umständen besteht Furcht vor dem schmerzlichen Bewusstsein der eigenen Grenzen.

Diese Menschen identifizieren sich gleichsam mit dem Sonnenhaften (Absolutismus) d.h. sie müssen sich immer neue Beweise ihrer Potenz (ihres Könnens) geben, um dem Bild zu entsprechen, das sie von sich haben, und das sie als ihr "Image" von der Welt erkannt wissen wollen. So kann die Übersteigerung des .Sonnenhaften zu überwertigem Geltungsdrang und sich aufblähender Selbstherrlichkeit werden. Das Altern fällt solchen Menschen besonders schwer. Sie erleben es vorwiegend als " narzisstische" Kränkung.

Die Lernaufgabe bei der Häufung der Zahl „7"

- Selbstüberschätzung, Narzissmus, Herrschsucht und Maßlosigkeit überwinden;
- die grundlegende Aufgabe erkennen und anzugehen,
- zum eigenen Zentrum zu finden, um autonom und sicher agieren zu können;
- planvolles Handeln; bei allem, was man tut, mit dem Herzen dabei Sein.

Fehlen der Zahl „7"

Es stellt sich die Frage nach der Rolle des Vaters in der Herkunftsfamilie. War der Vater nicht das männliche Vorbild, sondern eine nicht oder wenig fassbare Persönlichkeit, von dem wenig auf im richtigen Leben in der Kindheit zu spüren war.

Fehlt die Zahl „7" im Geburtsdatum, gilt es folgende Fähigkeiten zu entwickeln:

- die Fähigkeit zur Selbstständigkeit (besonders in den Zahlen einer Frau ist hier die Forderung zur Eigenständigkeit gegeben.)
- Zivilcourage zu erlernen
- Schöpferische Originalität zu entwickeln, d.h. kreativ zu werden
- sich selbst zu managen
- die Erlebnisfähigkeit zu natürlicher Sexualität (die Zahl 7 steht symbolisch für Körper = Sonne)
- den vitalen Instinkten nachzugeben
- das Leben „an sich" lieben und genießen zu lernen

Lernaufgabe bei der fehlenden Zahl „7"

Aktives Handeln; Anerkennung und Bestätigung zulassen; sich innerlich aufrichten und seine Würde zu sehen; uneingeschränkt sich selbst verwirklichen und Persönlichkeit entfalten; durch Selbstausdruck handlungsfähig werden; vital, aktiv, gesund und lebensfroh sein

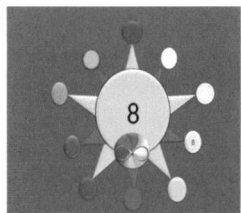

Die Zahl „8" - Venus - Stier –
Waage – Rosa/Grün

KEYWORD: „Ich bin die Erfüllung meiner Wünsche"

Quantenkartenanwendung: Psychosomatik der Zahl „8"
(auch 3-8 Achse s.o!)

Psychosomatisch gehören zum Venusprinzip:

- die Organgruppe der paarigen Organe: Mandeln, Eierstöcke, Hoden, Nieren etc. Bei den Nieren ist zu beachten: die linke Niere symbolisiert die unpersönliche (kosmische) Liebe, entsprechend der Waage, und die rechte Niere hat Bezug zur körperlichen Liebe (Partnerschaft), entsprechend dem Stier. Sie sind Organe der Entscheidung indem sie prüfen, was dem Körper zuträglich ist und das Fremde, Unwillkommene aussondern.

- In Verbindung zur Saturnebene der Gefühle (4) sollte auf Nieren steine, Nierengrieß, Nierensand geachtet werden.
- Unter den Sinnen besonders die "Nahsinne", wie Geschmack, Geruch und den Tastsinn
- Hals-Rachen-Bereich (Stimme), Kehlkopf, Gaumen, Diphtherie, Nasenpolypen, sowie die Sinnesorgane,
- die so genannten "erogenen Zonen".
- das Harn- und Blasensystem (Organe der Ausscheidung): Harndrang, Harnverhaltung, Blasenschwäche

- die Nebennierenrinde (gegengeschlechtliche Hormonproduktion; Mineralo-Corticoide zur Regulation des Salzhaushaltes, Gluco-Corticoide zu Regulation des Zuckerhaushaltes und Begrenzung der Abwehrreaktionen),
- die Bauchspeicheldrüse, die links im Körper liegt; sie "verwaltet" sinnvoll die süßen, nährenden Energien (Zucker), sprich Liebe.

Häufung der Zahl „8"

Kommt die Zahl „8" mehrmals in den Geburtsdaten vor, so kann auch Venus Probleme machen. Vor allem ist es dann die "Verliebtheit in sich selber" sowie Schwierigkeiten mit dem Ertragen von Spannungen und Frustration.

Die Gefahr liegt in unstillbarer "Lustsuche", d.h. in passiver Erwartung immer neuer Befriedigungen. Man will Lust als Dauerzustand. Es herrscht dann zwar eine große Liebesbereitschaft und Liebesfähigkeit, aber es kann auch ein großer Verwöhnanspruch an das Leben bestehen und eine hohe Glückserwartung. Ein solcher Mensch lebt in der Erwartung, diese ohne sein Zutun erfüllt zu bekommen und an den Härten und dunklen Seiten des Lebens vorbeizukommen. Das hält ihn in kindlicher Wunschvorstellung - denn er wünscht sich doch letztlich einen paradiesischen Dauerzustand oder eine Welt, die es nur im Märchen gibt. Deshalb wird er von der Wirklichkeit oft schwer enttäuscht, denn: Harmonie ohne Trübung und Liebe ohne Leid gibt es nicht.

Darauf sollte besonders bei Erkrankungen der Organe des Venusprinzips geachtet werden, damit diese "Lustbestimmtheit" nicht zu Lebensuntüchtigkeit führt.

Auch durch übertriebene egozentrische Wahrnehmung oder durch zu große Anhänglichkeit können Konflikte entstehen. Der Mensch mit einem, durch die Selbstverliebtheit begründeten Verwöhnanspruch wird im Allgemeinen von der Umwelt als „faul", „eitel" und anspruchsvoll erlebt.

Die Lernaufgabe bei der Häufung der Zahl „8"

- das Gleichgewicht zwischen Nehmen und Geben erarbeiten;
- das Selbstwertgefühl und worauf es gründet überprüfen, ebenso das persönliche Wertesystem;
- Überwindung gewohnter Abläufe; Bereitschaft zur Veränderung des Status Quo,
- Inhalt ist wichtiger als Form;
- Realität ist wichtiger als Ideal;
- persönliche Unabhängigkeit ist wichtiger als Kontaktbedürfnis;
- Entscheidungs- und Entschlusskraft muss entwickelt werden.

Fehlen der Zahl „8"

- Fehlt die Acht in den Geburtsdaten, fällt es dem Menschen schwer, praktischen Umgang mit irdischen Dingen und materielle Absicherung selbst erarbeiten. Er hat Schwierigkeiten in Gruppen seinen Platz zu finden. Auch sein Gefühl für den eigenen Körper, die Genussfähigkeit und das Erlauben von Lustempfindungen können blockiert sein.
- das Erreichte erhalten und genießen.
- die Begegnung mit Menschen und Ideen, die die eigene Persönlichkeit ergänzen und erweitern, suchen;

Fehlt die Zahl „8" in den Geburtsdaten, sind folgende Fähigkeiten zu entwickeln:

- Inhalt und Form in Einklang zu bringen
- einen eigenen Geschmack zu entwickeln
- sich schön zu machen, um verführen zu können
- den Eigenwert und die Selbstliebe zu entwickeln,
- das richtige Maß zu finden bei Kontakten, Partnern, Begegnungen, Kompromissen
- erotische Fähigkeiten entwickeln und verführen lernen
- das Gleichgewicht der Kräfte herstellen und den Wunsch nach Gerechtigkeit, sowie vollkommenere Ästhetik leben
- seine Umgebung schön und ästhetisch zu gestalten
- Ausgewogenheit zwischen Introversion (Innenwelt) und Extroversion (Außenwelt) herzustellen

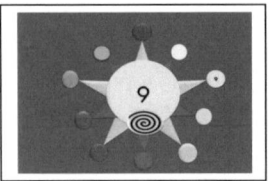

Zahl „9" - Merkur - Postgelb
„Flexibler Austausch und Kommunikation"

Keyword: „Ich bin kompetent"

Quantenkartenanwendung: Psychosomatik der Zahl „9"

Psychosomatisch gehören folgende Organe und Krankheitsymptome zum „9" er (Merkur -) Prinzip:

- Schultern, Arme, Hände, Füße (siehe Götterbote)
- Bei der "Schnelligkeit" von Merkur „9" besteht die Gefahr von Wunden, Verletzungen und Brüchen an Armen, Händen und Schlüsselbein, das Sprachzentrum, Gehör und Sehkraft
- die Atmungsorgane: Lunge, Bronchien (Asthma bronchiale), Luftröhre, Kehlkopf
- das Gedächtnis
- mit Venus (8) zusammen die Sinnesorgane
- mit Uranus (3) zusammen das Nervensystem
- Hier sagt der Volksmund: "Ihm bleibt die Luft weg", oder: "Es verschlägt ihm den Atem".
- Ein Asthmakranker z.B. steht meist in innerer Opposition zum gerade Erlebten, zum Geschehen, zu beteiligten Menschen, ohne fähig zu sein, die auftauchende Aggression freizusetzen, "sich frei zu atmen". Es verschlägt ihm buchstäblich den Atem. (Oft steckt auch ein Mutterproblem, sprich symbiotischer Mutter- Kind- Konflikt dahinter).
- Der Darm: Er zergliedert die Nahrung in so kleine Bestandteile, dass sie ins Blut übertreten und weiter verwendet werden können.

Häufung der Zahl „9"

Ist die Zahl „9" in den Geburtsdaten häufiger vertreten, gibt man sich nicht zufrieden mit einem breiten Begriffswissen, das vordergründig und oberflächlich, bestenfalls nur Geschicklichkeit und intellektuelle Wendigkeit ist. Es handelt sich dabei um ein Jonglieren mit Begriffen und Theorien, die unverbindlich und austauschbar sind, weil sie nur dem Intellekt entstammen, und mit dem untergehen, der sie erfunden hat.

Wer sich also zu ausschließlich auf das Merkurische in diesem Sinne verlässt, der läuft Gefahr, dass ihn an der Welt nur das interessiert, was messbar, wägbar und zählbar ist, und am Menschen nur das, was testbar und programmierbar ist.

Es geht darum, die Welt in all ihren Facetten zu erfassen und sich in die Möglichkeit hineinzuversetzen, dass es unendlich viele Realitäten mit ebenso vielen Verbindungen untereinander gibt.

Die extreme Unbeständigkeit der Merkur- Menschen macht sie nicht gerade zu empfehlenswerten Gefährten für Sesshafte und Schweigsame. Erzieher und Pädagogen, die derzeit die Kinder der Neunziger-Jahre vor sich haben, wissen um die Ausprägung der noch nicht veredelten Neunerhäufung. Auch die Diagnose „ADS" (Aufmerksamkeit-Defizit-Syndrom) ist ein Spiegel für die Zeit der Neunziger Jahre. Unruhe, Beweglichkeit und großes Interesse an allem, was zu sehen und zu hören ist, prägen die Beschreibung der Kinder und Jugendlichen. Das Interesse an allem ist so groß, dass keine Konzentration auf eine Sache mehr möglich ist. Daher ist die Richtigkeit des Begriffs „Defizit" in der Diagnose anzuzweifeln. Ebenso muss in Frage gestellt werden, ob es sich überhaupt um eine Krankheit handelt. Es könnte auch eine Reaktion der Kinder auf die Reizüberflutung unserer Zeit sein.

Bei der Neunerhäufung sollte ganz besonders auf die Organsprache des Darmes und der Lunge geachtet werden.

Mehrere Neunen zeigen eine universale Einstellung an. Sie sind künstlerisch veranlagt und haben kreative literarische Fähigkeiten.

<u>Die Lernaufgabe bei der Häufung der Zahl „9"</u>

- die Begrenzung der Interessen;
- Tiefgang entwickeln;
- auf die Stimme des eigenen Wesens hören; Eindrücke und Erfahrungen, mit denen wir in Kontakt kommen, vertiefen.
- das richtige Verhältnis zwischen Anpassung und Selbstausdruck herstellen;
- Anerkennung menschlicher Grenzen;
- Vertrauen in das Leben entwickeln; die Angst vor Auflösung, Chaos und Unsicherheit überwinden.

Fehlen der Zahl 9

Fehlt die Zahl „9" in den Geburtsdaten, sind folgende Fähigkeiten zu entwickeln:

- Ausdrucksfähigkeit (Mimik, Gestik, Auftreten, usw.)
- die Fähigkeit für Rhetorik, Kommunikation und Schreiben, um diskutieren zu können
- Verständnis von Mathematik und Technik
- logisches Denken und Imitationsfähigkeit, um Informationen aufnehmen und abgeben zu können
- sich seinen eigenen Aktionsradius zu schaffen, um sich frei bewegen zu können
- sein eigenes Wesen zu hegen und zu pflegen, und zu tun, was dem eigenen Wesen gemäß ist
- hier liegen auch diagnostische-, Artikulations-, Anpassungs- Adaptions-, Wahrnehmungs-, Beobachtungs-, und ökonomische Fähigkeiten.

Lernaufgabe bei der fehlenden Zahl „9"

- Wissbegier, Vielfalt und Unverbindlichkeit zulassen;
- am Pulsschlag der Zeit sein; die Welt mit Hilfe des Intellekts begreifbar machen;
- Kategorisieren und Systematisieren erlernen; Sicherheit durch Information finden;
- über Dinge reden und die Erfahrung der Gegensätze anerkennen;
- Herstellen von Kommunikationswegen und -mitteln,
- die persönlichen Grenzen ausloten;
- optimale Nutzung der Umweltbedingungen; Wechselwirkungen zwischen dem Einzelnen und der Umwelt begreifen;
- sich anpassen und einordnen;
- Bewältigung des Alltags; seelische Bewältigung der Eindrücke;
- das Verhältnis von Körper und Seele, = Gesundheit beachten.

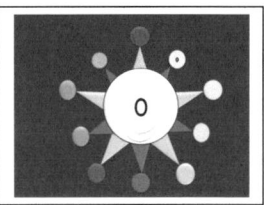

Zahl „0" - Mond
– Opal/Silber/Milchig-
Geborgenheit und Akzeptanz"

KEYWORD: „Ich bin geborgen und sicher"

Quantenkartenanwendung: Psychosomatik Der ZAHL „ 0"

Psychosomatisch gehören folgende Organe und Krankheitsymptome zum Mondprinzip:

- Schlaflosigkeit
- die Brust, die Prostata (d.h. Milch- und Samenproduktion)
- Schleimhäute, vermehrte Schleimbildung, Schwellungen
- Der Gemütszustand, das vegetative Nervensystem (das Gefühlsleben), bis hin zu geistigen Krankheiten; Autismus
- Der Flüssigkeitshaushalt des Körpers (die Lymphe), Wassersucht.
- Die Tränen, denn Weinen ist wahrscheinlich eine der tiefgründigsten Äußerungen unseres Gefühlslebens.
- der Magen als aufnehmendes Organ
- die Gebärmutter als Organ, das dem Kind Heimat bietet.

Häufung der Zahl 0

Nach dem bisher Gesagten ist verständlich, dass es, wenn die Zahl 0 im Geburtsdatum häufiger auftritt, Probleme mit Ablösungsprozessen von der Mutter geben kann. Ebenso mit dem "Kind" in uns, das entweder liebend angenommen wurde, oder gleich-gültig, sogar feindlich behandelt wurde, z.B. durch schicksalhafte frühe Trennung von der Mutter.

So können depressive Persönlichkeiten entstehen, die mehr in der Anpassung als in der Eigenständigkeit leben. Diese Menschen haben oft einen besonderen Zugang zum bilderreichen Seelengrund (Unterbewusstsein), zu Träumen und Ahnungen sowie ein extremes Einfühlungsvermögen und oft eine bedingungslose Aufopferungsbereitschaft für das Milieu, in dem sie leben.

Mehr als bei anderen Menschen wird hier dann das subjektive Erleben bewertet, ob es bereichert oder frustriert. Nur die Intensität des Erlebens ist wichtig.

Hier sollte das eigene „Gefühls- „Ich" vor Verletzungen stabilisiert werden, d.h., diese Menschen sollten lernen, sich selbst zu schützen und eine für ihre Persönlichkeit konstruktive Orientierung und Abgrenzung zu finden.

Ihre größte Chance liegt darin, ihre psychischen Fähigkeiten und Ihre Bereitwilligkeit in einem geeigneten Beruf zu nutzen. (Auf die Organsprache achten!)

Die Lernaufgabe bei der Häufung der Zahl „0"

- Den ewigen Kreislauf von Geburt und Tod akzeptieren lernen, ohne dabei depressiv zu werden;
- Die Passivität überwinden; Ruhe, Hingabe und Aufnahmebereitschaft in die richtigen Relationen bringen;
- Die Weigerung, ins Leben hinauszugehen, aufgeben und die Verantwortung für die eigenen Leistungen übernehmen;
- Die Suche nach dem "ewigen Mutterschoß" aufgeben;
- Das "innere Kind" erwachsen werden lassen d.h. sich fragen: Welche grundlegenden Bedürfnisse muss ich mir selbst befriedigen, um mich sicher geborgen und geliebt zu fühlen.

Fehlen der Zahl „0"

Wer in seinen Geburtszahlen keine Null mitbringt, sollte überprüfen, wo er zu sehr in der Vergangenheit hängt, noch alte Eindrücke aufhebt, die seinen Innenraum blockieren und so das bewusste Erleben des „Jetzt" verhindern.

Es sollten folgende Fähigkeiten ausgebildet werden:

- eigene Gefühle aufkeimen zu lassen und das eigene Wesen (auch das Kind in uns) zu entdecken.
- seelische Liebe und Zärtlichkeit schenken und empfangen zu können auf die „innere Stimme" zu achten und zu hören.
  (es ist wichtig, regelmäßig zu meditieren)
- Geborgenheit vermitteln und empfangen zu können.
- sich in andere Menschen hinein zu fühlen
- seine psychologischen und sozialen Fähigkeiten zuzulassen

Lernaufgabe bei der fehlenden Zahl „0"

- Die Verschiedenartigkeit, Reichhaltigkeit und Veränderlichkeit der Gefühle zulassen und seelisches Gleichgewicht inmitten dieser verschiedenen Stimmungen erreichen;
- die Aufarbeitung des "inneren Kindes" (die nicht gelebte Kindheit);
- sich von Muttersymbolen trennen;
- die Mütterlichkeit in sich zulassen; Mitfühlen anstelle von Mitleiden entwickeln;
- die Kraft und die Sicherheit des „Jetzt" zu erspüren und zu erleben

Die Kabbalistischen Quantenebenen, Achsen, Trigone

In der westlichen Astrologie gibt es vier Elemente: Feuer, Erde, Luft und Wasser. Diese lassen sich in zwei Gruppen aufteilen, wobei Feuer und Luft als aktiv und ausdrucksstark, Wasser und Erde als passiv und empfänglich gelten.

Horizontale Verbindungen von Zahlen in den zufällig gezogenen Karten bzw. Geburtsdaten symbolisieren die vier Hauptelemente, die das Innere mit ihren Eigenschaften beherrschen, stellen Ebenen dar: Es stehen sich immer zweimal weibliche („2-0", „4-8") und zweimal männliche („3-9", „5-7") Verbindungen gegenüber, um so die Elemente des menschlichen Bewusstseins zu verdeutlichen.

Sie symbolisieren die Ebenen der menschlichen Psyche, die dann in die quantendynamischen kabbalistischen Heilungstrigone mit ihren Bild-symbolen einfließen, die wiederum heilsame Wirkungen im menschlichen Bewusstseinsfeld auslösen!

Ausnahme: Das Feuerelement jedoch stellt sich als Spannungsachse mit den Geburtszahlen Pluto(„1") – Mars („6") dar!

„1/6" - Spannungsachse: (Feuerelement) – ROT - Erzengel Michael

„2/0" - Ebene: Spirituelle Ebene Violett/ Dunkelblau

Erzengel Metatron oder Haniel

„3/9" - Ebene: Geistig - Verstandesebene (Luftebene) Hellblau/

Gelb - Erzengel Raphael

„4/8" - Ebene: Gefühlsebene (Wasserebene) – Dunkelblau

Erzengel Gabriel

„5/7" - Ebene: Materielle Ebene (Erdebene) – Braun - Rosttöne

Erzengel Uriel oder Sandalphon

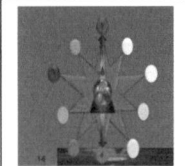

"1-6": PERSÖNLICHKEITSACHSE (Pluto –Mars)
Energie und Tatkraft

Engelsenergie Michael

Keyword: „Ich bin die Kraft und Stärke meines Seins"

Steht für Lebenslust, großes Selbstvertrauen und Begeisterungsfähigkeit. Dem Feuer geht es darum, initiativ zu sein und Stärke aus zu drücken. Das Feuerelement sucht nach der subjektiven Bedeutung und dem Sinn unseres Handelns und Lebens. Dabei setzen feuerbetonte Menschen ihre Energie vorbehaltlos ein. Manchmal wird dabei die eigentliche Lebenssubstanz regelrecht »verheizt«. Feuerbetonte Menschen lassen immer »alles heraus« und sind stark mit sich selbst beschäftigt.
Eine schwache Besetzung des Feuerelements im Menschen bringt oft eine gewisse Schwunglosigkeit und mangelnde Begeisterungsfähigkeit mit sich. Diese Menschen lassen sich nur schwer zu etwas hinreißen. Dafür jagen sie nicht jeder Sensation hinterher und können das Leben mit mehr Ruhe und weniger Dramatik angehen.

Fragen:

- Leben Sie eher angepasst oder setzen Sie sich mit Ihren Vorstellungen durch?
- Sind Sie selbstbewusst oder reflektieren Sie sich selbst dauernd?
- Haben Sie Vertrauen in sich selbst?
- Handeln Sie mehr selbstverantwortlich oder lassen Sie lieber Andere die Arbeit ausführen?
- Führen Sie wichtige Arbeiten selbst aus?
- Fällt es mir leicht, mich für etwas zu begeistern?
- Lasse ich mich gerne von anderen mitreißen?
- Lebe ich aktiv und voller Schwung?
- Kann ich dem, was mir begegnet, eine besondere Bedeutung verleihen?
- Neige ich dazu, mich schnell zu verausgaben?
- Fällt es mir manchmal schwer, mich zu etwas aufzuraffen?
- Bin ich eher dynamisch und initiativ, oder warte ich lieber erst mal ab, was kommt?
- Wo bin ich mit Feuer und Flamme dabei?
- Neige ich leicht zu dramatischen Inszenierungen und Übertreibungen?
- In welchen Situationen kann ich einfach ich selbst sein und Spaß dabei haben?
- Was gelingt mir leicht und spielerisch?
- Wann spüre ich mein inneres Feuer?

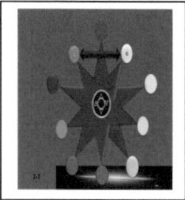

„2-0": Intuitionsebene (Mond/Neptun)
Intuition und Inspiration

Engelsenergie Metatron oder Haniel

Keyword: „Ich bin die Klarheit meines Seins"

Feinfühligkeit, Liebe zu Einsamkeit aus Unverstanden sein und Unbefriedigt sein wenn Zufriedenheit nur im Außen gesucht wird.

Sensitiv- intuitive Menschen, Beeinflussbare Personen- Medialität – Einfühlungsvermögen in andere Menschen, bildhafte Aufnahmefähigkeit, Beeinflussbarkeit, gutes Traumleben. Es liegt die Gefahr vor, unter trugbildartige Einflüsse zu geraten und von anderen Menschen ausgenutzt zu werden. Haltlosigkeit, Schwäche, Faulheit führen zu Lebenskrisen und partnerschaftlichen Schwierigkeiten (Wenn erdige Aspekte fehlen!).

+ Sensitivität, Einfühlungsfähigkeit, inneres Schauen, Inspiration, weitgehende Wünsche, starkes Traumleben.

- Einbildungen, Selbsttäuschungen, Haltlosigkeit, Verlogenheit, Neigung zu niederem Spiritismus und mediumistischen Täuschungen.

Die Verbindung der Zahlenqualitäten „2" und „0" deuten auf ganzheitliches („0")= fühlendes Bewusstsein („2") hin.

Die „2-0" Verbindung symbolisiert guten bildhaften Kontakt mit dem Meer des Unbewussten und mystisches Verständnis. Diese Verbindung ist der „Draht" zum sogenannten Hohen Selbst (Seele) und „naturgegebenen Verbindungskanal" zum „Allumfassenden", mit seinen Inspirationen, Channeling- und Traumbildern.

Entscheidungswege werden spontan richtig getroffen, ohne zu wissen warum. Intuition erklärt sich so, dass ein Bild/ Eindruck ins Bewusstsein drängt und man nie genau weiß, woher dieser exakt stammt. Dies bedarf aber auch immer Übung und Selbstklärung um subjektive „Ego" Anteile aus zu schließen.
Die gängige Vorstellung von Eingebung, Inspiration oder Intuition wird oft als vom „Gefühl" des Menschen kommend angesehen und kann zeitlich zurückverfolgt werden, auf bestimmte, einmal gemachte Lernerfahrungen oder Erziehungsmuster, die hier lediglich gefühlsmäßig "abgerufen" werden.

Dieses unbewusste Abrufen aus dem programmierten Unter-bewusstsein stammt aus geprägter Vergangenheit und ist *nicht* Intuition.

Es gehört zur „4-8" Gefühlsebene!

Aus der Intuition stammen Entscheidungen, die oft weder „Hand noch Fuß" haben und *verstandesgemäß nicht begründbar* sind. Man könnte es, um allgemeine Missverständnisse zu vermeiden, so definieren, dass *Entscheidungen aus dem „Gefühl"*, aus dem Unterbewusstsein beeinflusst werden und *Entscheidung aus Intuition* eine direkte Verbindung zum Hohen Selbst (Seele) bedeutet.

Organisch:
Zirbeldrüse, Hypophyse, Hirnanhangdrüsen, Hinterlappen, wichtige Nervenschaltungen.

„2-0" verbindet die „1" zum spirituellen Trigon ganzheitlichen Strebens (*direkte Verbindung zum Pluto - Geistpol*) – siehe auch „Spirituelles Trigon".

Fragen:

- Haben Sie das Gefühl, spontan richtige Entscheidungen zu treffen, ohne zu wissen, warum?
- Wird Ihnen die Richtigkeit Ihrer Entscheidungen erst hinterher bewusst?
- Fällt Ihnen ein Beispiel dazu ein (mehrere)?

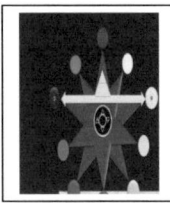

„3-9" - Luftebene (Merkur / Uranus)
Denkebene: Scharfsinn, Assoziation.

Engelsenergie Raphael

Keyword: „Ich bin die Klarheit meiner Einsichten"

Die elementare Zuordnung ist das Luftelement. „Luft", weil es das Bewegliche und Veränderliche des Denkens und aller Denkprozesse meint. „3" ist auch der Tatwille, der Tatimpuls und „9" ist Bewegung, Veränderung, Handlung.

Steht für eine intellektuell geprägte Lebenseinstellung, für das Bemühen um eine objektive Distanz zum Leben und den Wunsch nach Austausch und Kommunikation. Das Luftelement sucht nach einer verstandesmäßigen Durchdringung des Lebens. Luftbetonte Menschen leben gerne in mentalen Konzepten, in der Welt der Ideen und Gedanken. Sie versuchen, ihr Dasein zu verbalisieren, weil ihre Realität aus Worten und Gedanken besteht. Für luftbetonte Menschen gilt: Ich denke, also bin ich. Dies kann zum »Homo faber« führen, der zwar alles erklären, aber nichts mehr fühlen kann.

Eine schwache Besetzung des Luftelements führt zu einer gewissen Schwere und einer Verhaftung an subjektiven Verstrickungen. Diesen Menschen fällt es schwer, Distanz zu den Dingen zu gewinnen und ihr Leben objektiv zu betrachten. Im Kontakt und Austausch mit anderen hören sie lieber zu als selbst zu reden. Dafür laufen sie nicht Gefahr, alles verstehen und erklären zu wollen.

+ Assoziativer Geist, Scharfsinn, erfinderisches Denken, Redetalent, Intuition, Interesse oder Veranlagung für Technik, Physik, Mathematik, Rhythmus, plötzliche Erkenntnisse haben.

- Unabhängigkeitsdrang, geistige Beweglichkeit, Zersplitterung, nervöse Hast, zeitweilige Verwirrung, Taktlosigkeit, Selbstüberschätzung, widerspruchsvolles Wesen. Eigenwilligkeit, guter Intellekt. Zersplitterung oder Übereilung, Nervosität, exzentrische Handlungen, Aufregung? Fragen der Kritikfähigkeit, Kopflastigkeit,

Gibt es Schwierigkeiten mit logischen Bezügen und Formulierungen?

ES geht hier um äußere Aktivitäten des Denkens, Assoziierens, der Logik und nicht der Intuition.

Alles Rationale, der analytische Verstand (Mittleres Selbst) und das Tagesbewusstsein spielen hier eine Rolle. Alles will in Schubladen verpackt sein, klassifiziert, abgefüllt und abgewogen sein.

Organisch: Hände, Gelenke, Nervenreizung, Lungen, Atmung

Fragen:

- Fällt es mir leicht, objektiv zu bleiben und Abstand zu gewinnen?
- Möchte ich gerne alles verstehen und erklären können?
- Fällt es mir leicht, Kontakte zu knüpfen und mich mit anderen aus zu tauschen?
- Habe ich meist eine klare Vorstellung davon, wie etwas sein soll?
- Empfinden mich andere manchmal als trocken und distanziert?
- Hänge ich oft meinen Gedanken nach?
- Bin ich manchmal etwas abgehoben?
- Rede ich gerne und viel?
- Halten Sie sich für einen Menschen mit logischem Denken?
- Können Sie unterschiedliche Gedankengänge gut miteinander in Verbindung bringen?
- Können Sie Ihre Gedanken gut in Worte fassen?
- Sehen Sie eine persönliche Stärke in Ihrer Fähigkeit, sich auszudrücken?
- Halten Sie sich für einen Kopfmenschen, der unaufhörlich denkt?
- Können Sie bekannte Gedanken (Vergangenheit) mit neuen verbinden? (Assoziation)?

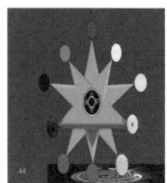

„4 - 8" - Wasserebene (Venus/Saturn)
Ästhetik/ Empfindung und Gefühlsebene

Engelsenergie Gabriel

Keyword: „Ich bin die Kraft der Harmonie"

Die Ebene des Gefühls, des geprägten Unterbewusstseins, ist hier angesprochen. Das programmierte Gemüt des Menschen mit allem, was analog dazu gehört wie Musik, Gefühle, Kunst, Genießen und Empfinden. Die Gefühlsebene ermöglicht es dem Menschen einerseits das Kind in sich wieder zu wecken und zu leben, andererseits eine sehr sensible Ebene für den Körper und seine Bedürfnisse zu schaffen, da der Körper mit allen seinen neurophysiologischen Funktionen vom Unterbewusstsein gesteuert wird. Positiv zeigt diese Verbindung einen gefühlsmäßig offenen Menschen, welcher liebevolle, geduldige Zuwendung für seine Umwelt zeigt.

Auf dieser Ebene sitzt aber auch in Form der „4" das sogenannte Gewissen. Das sind alle Programme, die unsere Umwelt und unsere Erzieher schon von frühester (auch schon vorgeburtlicher) Zeit in uns eingeprägt haben. Das andere Ende der Ebene bildet das Selbstwertgefühl durch die "8".

Bei entsprechender Blockierung kann man hier starre Handlungsmuster erkennen, die unser Verhalten auf die Umwelt steuern und den Ausdruck unserer Gefühle als Emotionen behindern. Schlimmstenfalls kann der Mensch keinen Zugang mehr zu seinen Gefühlen haben. Er meint dann zu fühlen, was aber eine Leistung des Verstandes ist.

Bei starker Angst- und Tabubesetzung sind hier Hemmungen, Fixierungen, Neurosen und Verteidigungs- und Aggressionshaltungen zu finden, die den Menschen in seinem eigentlichen Wesen blockieren: Hemmungen im Liebesleben, Liebesleid.

+ Wirklichkeitssinn, Nüchternheit, Pflichtgefühl, Sparsamkeit, Zurückhaltung, Treue, Selbstbeherrschung, Triebhemmungen. Mitgefühl zeigen können, Einfühlungsvermögen entwickeln. Gefühl für Ästhetik und Kunst!

- Triebhemmungen, Unbefriedigt sein, Kaltherzigkeit, Distanziertheit, übertriebenes Triebleben, Hedonismus, sich selbst quälen, Eifersucht. Pflichtgefühl wird über Herzensneigungen gestellt.

Einsame pflichterfüllte Menschen, im Gegensatz dazu aber auch pflichtvergessene, emphatieunfähige Personen, Schwierigkeiten im Liebesleben, Ernüchterung, Scheidung (*symbolisch Trennung von der Mutter*).

Es fällt diesen Menschen dann schwer, seelische Anteilnahme und Gefühle so auszudrücken, dass andere dies fühlen können. Dafür gelingt es ihnen, sich nicht emotional verstricken zu lassen und nicht von ihren Gefühlen überwältigt zu werden.

Die Wasserebene ist auf eine emotionale Durchdringung des Lebens ausgerichtet. Sie steht für Einfühlungsvermögen und Bedürfnis nach einer seelischen Verbundenheit mit anderen.

Für wasserbetonte Menschen wird nur das zur Realität, wovon sie emotional bewegt werden. Was keine Gefühle auszulösen vermag, existiert schlichtweg überhaupt nicht.
Ihre Haltung ist: Ich fühle, also bin ich. Dies kann mit einer starken Empfindsamkeit, aber auch leichten Verletzbarkeit einhergehen.

Organisch: Körperflüssigkeiten, Stoffwechsel, Ausscheidung, Nieren, Leber, Galle, auch Bauchspeicheldrüse, Verdauung.

Fragen:
- Kann ich mich leicht in andere einfühlen, Verbundenheit fühlen?
- Sind Sie ein gefühlsbetonter Mensch, Gefühle zeigen können?
- Interessieren Sie sich besonders für Kunst, Musik, Theater?
- Bin ich oft in Gefühle verstrickt?
- Bin ich eher empfindsam und leicht verletzlich?
- Reagiere ich gerne emotional?
- Fällt es mir leicht, Mitgefühl zu empfinden?

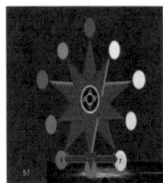

„5-7" - Erdebene (Sonne /Jupiter)
Geerdete Vitalitätsebene

Engelsenergie Uriel oder Sandalphon

Keyword: „Ich bin die Kraft meiner Lebensgestaltung"

Steht für Sinnesorgane und ihre praktische Vernunft. Sie sind auf die materielle Welt ausgerichtet und mit dieser besonders stark verhaftet. Das Erdelement sucht nach einer konkreten Durchdringung der Welt. Erdbetonte Menschen sind meist sehr praktisch veranlagt. Sie wollen sich nützlich machen und zum Aufbau und Erhalt der Welt beitragen. Ihre Wahrnehmung gilt dem sinnlich Erlebbaren und den konkret greifbaren Dingen. Sie neigen dazu, im Laufe ihres Lebens immer mehr materielle Werte anzuhäufen, an denen sie hängen, sowie auch körperlich zuzunehmen. Eine schwache Besetzung des Erdelements drückt sich meist durch einen geringen Realitätsbezug aus. Diese Menschen tun sich schwer mit den praktischen und materiellen Aspekten des Lebens.

Dafür fällt es ihnen leicht, etwas loszulassen und mit leichtem Gepäck durchs Leben zu gehen. Eine feste und geregelte Arbeit hilft ihnen meist, einen Lebensrhythmus zu finden, der sie erdet.

Allgemein: Schöpferische Kraft, Befähigung für besondere Leistungen. Reiche Leute, gesunde Menschen, Prominente, sozial Höherstehende.

+ Gute Gesundheit, gute sittliche Qualitäten, sozialer Ehrgeiz, religiöse Einstellung, Besitz- und Machtstreben, Expansionswille. Aufstieg im Leben, Anerkennung, Erfolg in materieller oder geistiger Hinsicht.

- Materielle (bedürftige) Gesinnung, anspruchsvoll, nachlässig, leichtsinnig, verschwenderisch, prunksüchtig, Neigung zu unnötigem Aufwand. Konflikte durch anmaßendes und anspruchsvolles Verhalten, Krankheit durch unrichtige Ernährung, Differenzen mit der Umgebung oder mit Vorgesetzten, Konflikte mit dem Gesetz.

Es geht hier um eine Verbindung der Vitalität im Menschen, dem Triebhaften, materiell orientierter, extrovertierter Energie. Diese Verbindung steht für das Existenzbewusstsein (7), die bewusstwerdende Verbindung zur Materie und um den Antrieb im Menschen, die körperliche Bewegungs- und Beziehungsfähigkeit.

Weitere Themen sind körperliche Energiereserven, sportliche Aktivitäten und Erdverbundensein, d.h. sich im Materiellen wohlfühlen und zurechtfinden können, sich über Materielles definieren zu können.

Von Bedeutung sind hier in erster Linie Beruf, Familie, Ehe und Partnerschaft. Es dreht sich um grobstoffliche Elemente und karmische Verwurzelungen im Erdbereich, also um alles, was bindet (Körper, Gesundheit, Krankheit, die Tradition und Familie, die Herkunft, die Verwandten, usw. Besonders betont, handelt es sich um einen triebstarken, sehr durchsetzungsfähigen Menschen im materiellen und zwischenmenschlichen Bereich.

Die Erdebene steht auch für materielle Fürsorglichkeit, sowie Fähigkeit zur Sorge für die materiellen Lebensumstände. Sich in der äußeren Realität erkennen.
Unter diesem Aspekt ist zu lernen, auf eigenen Beinen zu stehen. Körperliche Kräfte sollen als Durchsetzungsvermögen entwickelt werden. Empfindungen logisches Denken und geistiges Planen entwickelt werden.

Organisch: Muskeln, Körper, Sexualität, Fortpflanzung, Trieb, Instinkt.

Fragen:

- Wende ich mich gerne praktischen Dingen des Lebens zu?
- Bin ich ein sinnesbetonter bzw. praktischer Mensch?
- Kümmere ich mich gerne um konkrete Probleme und Fragestellungen?
- Fällt es mir leicht, die materiellen Aspekte des Lebens zu genießen?
- Kann ich gut für meinen Lebensunterhalt sorgen und mir Werte schaffen?
- Fällt es mir schwer, auf etwas zu verzichten?
- Neige ich dazu, alles anzusammeln und aufzubewahren?
- Sind Sie sportlich aktiv?
- Sind Sie handwerklich begabt oder tätig?
- Essen sie gern deftig (z.B. Fleisch oder mächtige Mahlzeiten)
- Können Sie handfest mit anpacken?
- Spielen die Themen Tradition, Familie, Herkunft eine wichtige Rolle in Ihrem Leben?
- Sind Sie durchsetzungsfähig im materiellen Bereich?

Die Oppositionen (Spannungsachsen)

Keywords:

„1-6": Persönlichkeitsachse
„2-7": Psychosomatikachse (Heilerachse)
„3-8": Partnerschaftsachse
„4-9": Schicksalsachse
„5-0": Harmonieachse

Diagonale Verbindungen über den Mittelpunkt des mystischen Pentagramms werden Oppositionen oder Achsen genannt und stellen Spannungen in den kabbalistischen Zahlenqualitäten dar.

Hier stehen sich immer zwei Pole mit Spannung vom inneren Thema her gegenüber. Immer wenn sich der Mensch an einem Pol befindet, fühlt er den Wunsch nach der Qualität und die Anziehung des entgegen gesetzten Poles umso intensiver.

Es besteht die Aufgabe, die Spannung der beiden Pole in die Mitte zu bringen, die beiden Themen durch Erfahren im Leben zu verbinden.

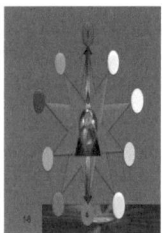

„1-6"-Achse: Persönlichkeitsachse
„Ich bin, der ich bin"

Keyword:
„Ich bin die Achse, der Mittelpunkt meines Lebensrades"

Die „1-6" Polarität oder Opposition zeigt symbolisch die Grundspannung zwischen Geist und Körper, also Wille und materielle Verwirklichungsmöglichkeit an. Sie steht in der körperlichen Deutung für die Wirbelsäule und zeigt das „Rückgrat", den inneren Halt, die Haltung des Individuums an. Äußerlich wirken diese Menschen selbstbewusst und dynamisch, innerlich haben sie ständig Kämpfe zwischen Sexualkraft, Arbeit, und Beruf („6") und der Starkstromspannung des Geistigen („1"). Einerseits will sich der Mensch mit „1-6"-Achse materiell durchsetzen, andererseits besteht eine so feinstoffliche Grundschwingung, dass er oft über sich selbst besinnen muss, um diese Polarität überhaupt auszuhalten.
Die wichtige Achse ist die „1-6" Opposition, da sie zu Vernunft, Umsicht, Demut (Deus= Gott-Mut seinem Selbst zu dienen) und persönlicher Reife führt.
Die Zahlenqualität „1" gleicht einer Antenne zum Göttlichen, Die „6" hingegen Leidenschaft, Gewalt, Instinkt, Erde, mit den Sinnen erfahrbare Sicherheit.

Nach dem Hermetischen Grundsatz gilt auch hier „wie unten so oben", d.h., ist die materielle Zielsetzung des Menschen unklar, so ist es seine geistige sowieso.
Eigene Lebensumstände (Beruf, Partnerschaft Finanzen, Kinder usw.) müssen zuerst ihre Klärung erfahren, in natürlicher Ordnung sein und nicht unterdrückt. Erst dann kann sich die Kraft zum Geistigen hin wenden. Die „1" wirkt sich in dieser Achse so aus, dass alle Handlungen und Taten auf geistige Ideale zurückgeführt werden. Menschen mit Persönlichkeitsachse versuchen also durch Selbsterkenntnis (Eigenschau) sich über materielle Bedürfnisse hinaus zu verändern

Fragen:
- Leben Sie eher angepasst oder setzen Sie sich mit Ihren Vorstellungen durch?
- Sind Sie selbstbewusst oder reflektieren Sie sich selbst dauernd?
- Haben Sie Vertrauen in sich selbst und ihre Arbeit?
- Handeln Sie mehr selbstverantwortlich oder lassen Sie lieber Andere die Arbeit ausführen?

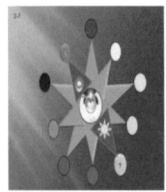

„2-7" Achse: „Heiler"- Achse (Neptun-Sonne)

"Ich" contra „Wir" – Vertrauen contra Wollen

Keyword: „Ich bin Vertrauen, Hoffnung und Liebe"

(„2") Zwei steht für Vertrauen, Glaube, Intuition und Phantasien. (siehe Neptunprinzip = „2") geschehen lassen kontra Ego, mit seinem „ICH will tun wollen oder „Geschehen lassen, Gelassenheit".- „Ich" Bewusstsein contra „WIR" Einstellung. Gelassenheit und „Es MUSS! Überhaupt nichts sein, wäre angebracht!
Die daraus entstehende Thematik ist der ständige Konflikt zwischen EGO und Selbst. Zuviel EGO äußert sich durch Krankheitssymptome - Zuviel „WIR" durch eine Gefahr der Ausnutzung durch Andere. Es kann sich dabei um den eigenen Körper oder den anderer Menschen handeln.

Diese Opposition kann sich auf zwei Arten auswirken. Im ersten Fall werden die Konflikte zwischen Sinnsuche und Umsetzung ins Leben so durch den eigenen Körper dargestellt. Gelingt es nicht, den Konflikt zufriedenstellend zu lösen, so bildet sich ein sogenanntes *Symptom.* Der Mensch wird also körperlich krank. Er ist in der Rolle des Leidenden, der auf Hilfe anderer angewiesen ist oder seine Situation durch „Patient sein" reflektieren muss.

Die Umgangssprache ist voll von Redewendungen, die den Bezug zwischen Organen und seelischen Nöten beschreibt:

- die Nase voll haben/ - sich den Kopf zerbrechen/ - hartherzig sein
- blind oder taub für etwas sein/- etwas geht an die Nieren
- schwer an etwas zu tragen haben

Das Krankheitssymptom zeigt dem Kranken (und dem, der sich in der Organsprache auskennt), was gelernt werden soll. Durch den Vorgang des körperlichen Leidens wird eine neue Erkenntnis gewonnen und zur Genesung in die Tat umgesetzt.

Die andere Möglichkeit der Konfliktverarbeitung besteht in der Rolle des *Helfers oder Heilers.* In diesem Falle wird das Thema der Psychosomatikachse *aktiv* behandelt. Sehr viele engagieren sich mit dem „2/7" Aspekt im kirchlich- sozialen Bereich oder im Betrieb als Betriebsräte.

Sie können jeden Tag mit Kranken und Schwerkranken (geistig oder körperlich) zu tun haben als Heilpraktiker, Arzt oder Krankenschwester. In beiden Fällen ist die Auseinandersetzung mit dem Thema gegeben. Es liegt in der Entscheidung des Menschen, welche Rolle er dabei übernehmen möchte. Wenn es nicht gelingt, den Zwiespalt der 2/7-Achse zu harmonisieren, z.b. den Beruf zur Berufung werden zu lassen, dann äußert sich dies schnell als psychosomatischer Prozess.

Dieses Prinzip kommt in der ersten Lebenshälfte als körperliche Labilität und erhöhte psychische Anfälligkeit, in der zweiten Lebenshälfte, so ab 36.Lebensjahr mehr als bewussterer Umgang mit eigenen sozialen/ seelsorgerischen Kräften zum Tragen. Nicht immer nach dem Kopf erzwingen wollen!

Fragen:

- Tragen Sie Ihre inneren Erfahrungen nach außen?
- Haben Sie häufig Symptome? Sind Sie anfällig für Symptome?
- Beschäftigen Sie sich beruflich mit dem Thema Krankheit und Heilung?
- Haben Sie familiär mit Krankheit zu tun (behindertes Kind, Pflegefall ...)?
- Üben Sie einen therapeutischen Beruf aus?
- Sind Sie privat, in Ihrer Freizeit, an dem Thema Krankheit und Heilung interessiert (Bücher, Vorträge, Selbsthilfegruppen, Massagegruppen ...)?
- Leben Sie Ihre Probleme über den Körper aus?
- Reagieren Sie symptomatisch, wenn Sie die Vielfalt Ihrer Ideen nicht in die Tat durchsetzen können, trotz großem Leistungswillen?
- Haben Sie häufig Krankheits-Symptome oder "echte" Krankheiten?

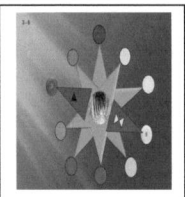

„3-8" Achse: Partnerschaftsachse
(Uranus-Venus)
Distanz-Nähe

Keyword: „ Ich bin Leichtigkeit und Offenheit"

Diese Opposition zeigt das Bedürfnis, bewusste flexible nicht konservativ, einseitige bürgerliche Beziehungen zu anderen Menschen zu pflegen. Diese Achse arbeitet weiter mit den Begrifflichkeiten:

Exzentrik, Unruhe, Ausgeprägtes geistiges individuelles Wollen. Hier handelt es sich um die Spannung zwischen dem uranischen Prinzip der „3" und dem Venusprinzip der „8". Auf der einen Seite steht das Bedürfnis, nach einer enormen individuellen Entfaltung auch über die Normen und Gesetze der Gesellschaft neue Wege zu gehen, sich nicht zu stak emotional binden. Auf der anderen Seite steht der Wunsch das Selbstwertgefühl zu pflegen und die schönen Dinge des Lebens um sich zu sammeln. Zu hohe Idealvorstellungen über den (Intim-) Partner bringen hier im zwischenmenschlichen Bereich Spannungen.

Das ständige Sehnen nach stetigen neuen Ergänzungen von männlichen bzw. weiblichen Seelenanteilen, führt meist zu dem Gefühl, immer nur „mittelmäßige" Beziehungen zu haben und weitersuchen zu müssen.
Die Grundkraft der „3-8"-Achse birgt ein ewiges Suchen nach dem Idealpartner, der seelischen Entsprechung auf der gleichen Sympathieebene mit sich. Bei mehr als der Hälfte dieser Aspekte zeigt sich das Suchen nach einem Vater- bzw. Mutterersatz in Form von politischen oder religiösen Systemen oder Vater-/ Muttergestalten.In der Familie gab es unter Umständen keine eindeutigen Rollenvorbilder!

Emotionell wollen diese Menschen sich nie ganz festlegen, da im Hinterkopf immer der absolute Partner doch noch erhofft wird. Die Angst, enttäuscht zu werden, ist größer als bewusst wahrgenommen.

Die „3-8" Opposition birgt vielfach den Wunsch, viele unkonventionelle Beziehungen mit unterschiedlichen Menschen zu führen. Es herrscht das Bedürfnis, einen regen gesellschaftlichen Austausch zu pflegen. Es geht hier darum, Kontakte und Verbindungen unterschiedlichster Interessensebenen zu schaffen.

Das kreative Spielen wollen und das Harmoniestreben der Venus („8") widerstrebt den etwas sprunghaften Partnervorstellungen des Uranus („3§). Um Partnerschaft überhaupt zu erleben, zählt als Ausgangspunkt eine *gute Beziehung zu sich selbst*
Harmonisiert wird die Achse der Partnerschaft durch die Klärung der emotionalen Aspekte zu den eigenen Eltern und die Analyse aller vorangegangen Partnerschaften mit ihren Idealvorstellungen. Damit findet man einen roten Faden für die Ausdrucksmöglichkeiten des Wünschens und Wollens in Beziehungen.

Ausgleich: Geistige, abwechslungsreiche eigenständige Arbeit,

Fragen:

- Haben Sie einen großen Bekanntenkreis?
- Leben Sie eher isoliert, zurückgezogen?
- Ist Ihre Beziehung zu Ihrer Mutter / Ihrem Vater geklärt?
- Haben Sie Probleme mit Ihrer Mutter / Ihrem Vater?
- Haben Sie Angst, eine feste Partnerschaftsbindung einzugehen?
- Ist Ihre Partnerschaft gekennzeichnet von Abhängigkeit?
- Hat jeder Partner einen angemessenen Freiraum?
- Sind Sie der eher dominante / harmonisierende Teil in Ihrer Beziehung?
- Treten regelmäßig in Ihren Beziehungen die gleichen Konflikte auf?
- Fordern Sie sich in Ihrer Partnerschaft gegenseitig?
- Haben Sie den Sinn der vorangegangenen Partnerschaften verstanden?
- Haben Sie Angst vor Angehörigen des anderen Geschlechts

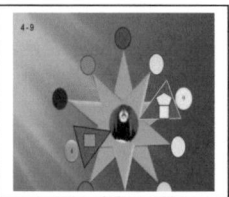

„4-9" Achse: Die Schicksalsachse
Saturn- Merkur (Jungfrau)
Fixierung kontra Veränderung

Keyword: „Ich vertraue und lasse geschehen"
„Ich bin die Achse meines Lebens"

Sie stellt die Polarität zwischen Ordnung Konzentration, Begrenzung und Chaos, zwischen Fixierung und Auflösung dar. Erarbeitetes, gleich auf welchen Gebieten, ist loszulassen. Bei den Menschen mit Schicksalsachse „kommt oft immer alles auf einmal".
Eine Zeit der Statik (4) wird oft von einer Zeit der zu akzeptierenden Wandlung und Transformation (9) abgelöst. Der Klient mit dieser Karte wird vielleicht wird das Gefühl nicht los, ständig Schicksal anzuhäufen, um es später auf einmal wieder loswerden zu wollen. Die Gegensätze Ordnung/Unordnung sind hier altbekannt. Dies betrifft die Wohnungseinrichtung genauso wie das Denken, das Einhaltung von Terminen, das längere Ausüben eines Berufes, bis hin zu ständig wechselndem Interesse für soziale, politische, philosophische oder spirituelle Ideen.
Es kann sich um einen starken Lernaspekt handeln, welcher zu Verlustgefühlen und Angst vor Verbindlichkeit auf allen Ebenen führt.

Da Ordnung immer von Chaos abgelöst wird um Neues entstehen zu lassen, bringt jede Form des Festhaltens und Zurückhaltens nichts ein. Irgendwann reift die Einsicht, dass hier mehr „Blockaden" abgebaut werden, als bei allen anderen Oppositionen. Es gilt, das Prinzip des Gebens ohne erhalten zu wollen. Die „4-9" Achse kann sich auf Partnerbeziehungen als Ruhelosigkeit und wahlloses „Testen" aus wirken Das wird oft als Schicksalshäufung empfunden, oder ständige Ruhelosigkeit bzw. viele Herausforderungen, die herangetragen werden, die das Ziel haben, sich Veränderungen stellen zu sollen.

Fragen:

- Haben Sie das Gefühl, dass bei Ihnen immer alles auf einmal kommt?
- Versuchen Sie, Auseinandersetzungen zu vermeiden oder Probleme wegzuschieben?
- Fangen Sie sehr viel Neues an und bringen nichts davon zu Ende?
- Haben Sie Angst vor Verbindlichkeit?
- Sind Sie innerlich oder äußerlich immer "auf Reisen"?
- Halten Sie gern an der guten alten Zeit fest (Denken in der Vergangenheit)?
- Denken Sie eher kleinlich oder eher weiträumig?

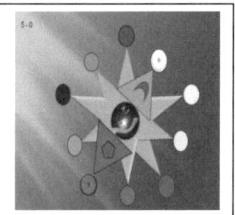

„5-0" Achse: Ganzheits - & Harmonieachse
Jupiter- Mond
Die Suche nach dem inneren Frieden

Keyword:
„Ich bin es wert vom Leben beschenkt zu werden"

Das Ziel ist immer die Verbundenheit in Gefühl und Verstand mit Selbsterkenntnis. Jupiter (5) mit seinen expansiven Qualitäten drängt auf natürliche emotionelle Entfaltung (0 = Mond) mit innerem Wachstum. Im Negativen kann dies auf übersteigerten Ehrgeiz im spirituellen oder philosophischen Bereich hinweisen, da immer die Grundtendenz von übersteigerter Egozentrik besteht. Bewusstseinserweiterungen können wir aber nur dauerhaft in einer Geisteshaltung erfahren, die auf Konfessionen, Dogmen, Gurus mit einseitigen polaren Werten verzichtet. Ganzheitlich Philosophien, wie z.B. die Hermetik und Astrologie, fördern die Suche nach sich selbst als den Weg und das Ziel, als innere Einstellungsklärung zu sich selbst begreifen zu lernen lernt, was „Inneren Frieden" fördert. Eine starke innere Sehnsucht nach geistiger Bewusstseinserweiterung treibt dabei den Menschen im positiven Pol.

Auf materieller Ebene nimmt man sich aber oft zu viel vor, was mit mangelnder Detailplanung kollidiert, zumal die Umwelt als Kooperationspartner besonders bei extremer Ausprägung meist nicht einbezogen werden kann.

Mit einer „5-0" Achse sollte man mehr durch Meditation in sich suchen und sich mit psychotherapeutischen Weiterbildungen beschäftigen um sich selber zu erkennen.

„5-0" soll zu „10-5" werden, sprich: Das eine („5") will Anerkennung und Glück und Erfolg, das andere („0") trachtet nach der inneren Wahrheit mit dem eigenen Lebenssinn. (*Kampf Zeus („5") gegen Göttermutter Hera („0")*

Organisch:

Herzstörungen, Gefühlstiefe, Aufopferungsbereitschaft, „Nicht-abgrenzen-können - Nicht-nein-sagen-können" („ Mutter Theresa-Syndrom")

Fragen:

- Streben Sie nach Vollendung, nach echten inneren Werten?
- Besteht bei Ihnen ein großes Harmoniebedürfnis?

Trigone mit Keywords

Verbindungen von Ebenen mit der „1" (Geistpol) oder der „6" (Kraftpol) werden als Trigone bezeichnet.

Trigone sind harmonische Aspektierungen, welche letztendlich immer die Geistpolebene mit den Kraftpolebenen fließend und sinnvoll ergänzen. Es kommt also zu geistig-materiellen Umsetzungen von Ideen.

Entweder bekommt der geistige Aspekt der Trigone eine materielle Verbindung oder die materiellen Aspekte erhalten erkenntnisreiche Verbindungen und Einsichten durch den Bezug zum Geistpol, der die besprochenen Ebenen berührend, intensiviert.

Die geistige – göttliche Willensabsicht („Ich BIN") der Seele Pluto („1") durchläuft so nacheinander alle Elementekombinationen, um so sinngemäß nach dem Zahlengesetz die Elemente der Natur des Bewusstseins zu durchdringen: beginnend im Erdelement („5-7"), aufsteigend zu den Instinkten und der Sensibilität (4-8), über das intelligente und bewusste Denken („3-9"), um letztendlich das Gesamtvermögen seines ursprünglichen Körperwillens in den Geistpol ("1") zurück zu verwandeln.

Hier deutet sich die grundsätzliche Idee als Bildwerke des Allumfassenden an, welche seine Bewusstseinsenergie zu materiellen Schöpfungsmustern benutzt, um sich in der Polarität der Materie erkennend, sich zu erfahren und sich wieder in den Geist zu „lösen" ,wenn die körperliche Form losgelassen wird.

Dasselbe gilt natürlich umgekehrt für die Erdtrigone, wo sich über den Marspol ("6") - „Ich will" intensive Erfahrungsmöglichkeiten in der Materie eröffnen sollen.

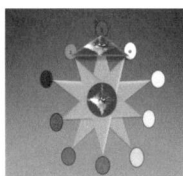

„1- 2-0": Spirituelles Trigon
Geistig – mediales Dreieck

Keyword: „Ich bin die Kraft meiner Intuition"

Dieses Trigon begünstigt alle Kräfte, die zu spirituellen Erkenntnissen führen. Neptun („2") verfeinert das Gespür für Feinstoffliches und Intuitives und geht mit der Introversion, der Ruhe und Selbstbezogenheit der Mondanlage („0") eine sehr subtile Verbindung („2-0") spirituellen Strebens ein. Dieses Trigon kann in seiner reifen Ausprägung als geistiges Wachstumstrigon bezeichnet werden. Nicht entwickelt steht es für religiösen Fanatismus. Diese Menschen kommen nicht selten mit einem spirituellen Lehren zusammen, oft auch mit jenseitigen Wesensenergien (sog. Medium, das Botschaften von „geistigen Wesen" oder Wahrträume übermittelt).

Diese oben genannte Elementeverbindung („2-0") mit Pluto stellt immer die tiefe Sehnsucht nach dem Höheren Selbst/dem Jenseitigen dar.

Es besteht gleichfalls die Tendenz, mehr zu „glauben" als zu „wissen".

Die Einbildungskraft dieses Trigons ist so stark, dass leicht Einbildung und Wunsch („2") mit eigener praktischer Erfahrung verwechselt wird.

Gerade dieses Trigon zeigt eine starke Hypersensibitität (Mond-Neptun), welche sehr offen für geistige Dinge, innere Bilder, seelische Symboliken macht.

Fragen:

- Vertrauen Sie in problematischen Situationen
    - der universellen höheren Kraft?
    - eher der Logik?
- Hatten Sie in Ihrer Kindheit religiöse Erfahrungen?

(Bei Gespräch die Themen der Intuitionsebene „2-0" einbeziehen!)

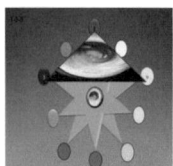

„1-3-9" Trigon:
Geistige assoziative Erkenntnis
Assoziatives Dreieck

Keyword: „Ich bin die Fülle meiner Erkenntnis"

Alle Aspekte von Merkur („9") und Uranus („3") deuten auf eine optimale Verbindung des logischen Verstandes mit dem Geistwillen („1") hin.

Hier wird gezeigt, wie das Nervensystem des Menschen auf Hochtouren läuft, wenn sich Einsicht, Erfindungsgabe, Gedächtnis mit Intuition paaren. Dieses Trigon deutet auf eine Fähigkeit des menschlichen Geistes hin, Ideen- und Assoziationsketten auf ungewöhnliche Art und Weise zu völlig neuartigen und unbekannten Verbindungen zu verknüpfen. Menschen mit diesem Aspekt wirken völlig untraditionell und verlassen sich nicht auf logische Schritte des Denkens, sondern ziehen aus dem inspirativ- intuitiven Bereich ihre Geistesblitze. Diese Menschen brauchen naturgemäß sehr viel Spielraum zum Denken und Assoziieren, welchen sie sich extremerer Ausprägung auch mit Durchsetzung (rebellisch!) gegen Autoritäten verschaffen.

Diese Menschen verfügen über ein enormes Wissen, welches durch Assoziation gut verknüpft werden kann. Diese Menschen haben die Fähigkeiten, Lesestoff im Geist zu fotografieren, Neues aus bekannten Fakten zu integrieren, um diesen später wie einen Spickzettel in der Schule zu verwenden. Sie haben Erfolg durch Einsatz ihres fotografischen Gedächtnisses.

Im zwischenmenschlichen Bereich kann es Schwierigkeiten geben, da dieser Mensch so sehr mit sich und seinen originellen Ideen und Erfindungen zu tun hat, dass er kaum richtig zuhören kann.

Bei negativen Blockierungen sollte man sich mehr um Nüchternheit bemühen und Selbstmanagementfähigkeiten erlernen

Fragen:

- Wie treffen Sie Ihre Entscheidungen:
  - unkonventionell, spontan aus dem Kopf?
  - aufgrund gemachter Erfahrungen und Wissen?
- Liegt so viel Konzentration vor, dass ein Gedankengang konsequent zu Ende gebracht werden kann?
- Können Sie Inhalte Ihrer Träume verstehend, nach außen assoziativ umsetzen?
-

(Bei Gespräch die Themen der Luftebene „3-9" einbeziehen!)

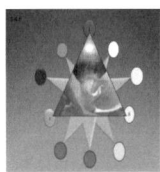

„1-4-8" Trigon: *Erkenntnis durch Gefühl und Emphatie*
Musisch-ästhetisches Dreieck

Keyword: „Ich bin der Reichtum meines Herzens"

Hier wird die Sensibilität vom Geistpol durchdrungen, was auf ein angemessenes, geplantes, praktisches Vorgehen hinweist.

Das Wasserelement des Gefühls vereint sich hier in idealer Weise mit dem höheren Selbst, da die Ebene des Unterbewusstseins hier die transparente Form des Mediums Seele ist. Der Ausdruck dieses Trigons beschreibt das Vorhaben des Geistes, sich durch Gefühl, Empathie und Ästhetik in der Welt als körperliche Darstellung zu zeigen. Der positive Aspekt zeigt einen gereiften Menschen welcher Wille („1") mit Tatimpuls („4") und Spürsinn für Form und Ästhetik („8") hat.

Der negative Aspekt, ist ein einseitiges, verhärtetes Streben nach Macht und Kontrolle (Pluto-Saturn), welches durch Empfindlichkeit (Venus) immer wieder nach Auflockerung drängt.

Die Partnerschaft zwischen Gefühl und Seele deutet auf schwer ein zu schätzende zwischenmenschliche Beziehungen im Intimbereich hin. Gefühle können nur schwer gelebt werden. Dieser Mensch ist sehr verletzlich und das vertrauensvolle Einlassen in Beziehungen fällt schwer.

Fragen:

- Ist eine bewusste Sinnlichkeit vorhanden für Gefühle und Empfindungen?
- Haben Sie Interesse an schöngeistigen Dingen?

(Bei Gespräch die Themen der Gefühlsebene „4-8" einbeziehen!)

„1-5-7" Trigon: *Transformation*
Vitalitätsdreieck

Keyword: „Ich bin die materielle Fülle meines Seins"

Die Seele, als göttliche Absicht, korrigiert stofflich tragend direkt die materiellen Lebensumstände. Es geht hier um den Drang sich selbst zu formen. Dies ist ein korrigierendes Trigon, welches den Menschen dazu veranlasst, veraltete bzw. marode Strukturen zu verlassen und über Erkenntnis seiner selbst „von unten anzufangen". Die Geistigkeit nimmt unmittelbar materielle Formen an, bzw. zieht geht in Resonanz mit ~, ohne intellektuellen oder emotionellen Filter, ohne verstandes - oder gefühlsmäßige Kontrolle.

Diese Menschen haben es leichter, zu Selbsterkenntnis zu gelangen, gerade weil die Lebensumstände mitunter hart sein können. Handlungen, die nicht zum Lebensplan passen, rufen unmittelbar Gegenreaktionen des Schicksals hervor. Dies können leidvolle Erfahrungen in unterschiedlichen Bereichen sein. Sie können die Gesundheit, Partnerschaften, Beruf oder Finanzen betreffen.
So wird dem Menschen der Spiegel viel praktischer vorgehalten, als auf rein geistigen Ebenen. Belastende Muster werden in kurzfristigen Abständen abgebaut über materielle Situationen. Es zeigt auch einen Menschen, welcher sehr aufgeschlossen ist für Gruppen und Ideen.
  Jupiter („5") als bewusstseinserweiternde Kraft lehrt eine angemessene Anpassung und Kompromissfähigkeit im zwischenmenschlichen Bereich. Bewustheit und Stolz sind vorhanden, aber der Stolz wird nicht um des Egos willen empfunden, sondern in Bezug auf die materiell empfundene Umwelt und auf den geistigen Plan. Nicht für mich, sondern im Auftrag eines großen Planes uns für alle.

Fragen:

- Haben / hatten Sie in Gefahrensituationen oft mehr Glück als andere Menschen, auch im Nachhinein?
- Haben Sie schon daran gedacht, dass Sie einen Schutzengel haben könnten?

(Bei Gespräch die Themen der Erdebene „5-7" einbeziehen!)

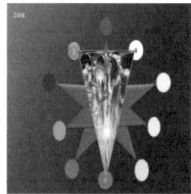

„2-0-6" Trigon:
Harmonische Körper-Geist - Verbindung
Dreieck der intuitiven Durchsetzung

Keyword: „Ich bin die Kraft meines Gefühls"

Hier findet der Geistwille eine ideale Verbindung zum Körperwillen. Dieses Trigon symbolisiert den geistig strebenden Menschen, welcher es versteht, geistige Ideale auch umzusetzen, was sich durch Arbeit mit Erde, Ton, Musik, Theater, aber auch im psychotherapeutischen Bereich bestätigen kann. Therapeutische Arbeit über den Körper *(z.B. Bioenergetik, Yoga, Tai-Chi, Körperarbeit, auch über Kinesiologie)* ist angesagt, weil Disharmonien oft gleich körperlich in Spannungen umgesetzt bzw. gespürt werden. Der Körper ist eine intuitive Antenne für psychisch – atmosphärische Spannungen.

Fragen:

- Können Sie geistige Fähigkeiten sinnvoll verwirklichen und anwenden?
- Setzen Sie geistige Ideale in die Tat um?
- Benutzen sie den Körper als intuitive Antenne

(Bei Gespräch die Themen der Intuitionsebene „2-0" einbeziehen!)

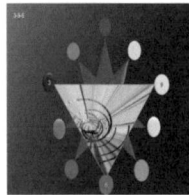

„3-9-6" Trigon: Vernunfttrigon
Managementkonstellation

Keyword: „Ich bin die Kraft meiner Erkenntnis"

Einsatz Vernunft/Intellekt/ Verbesserung der äußeren Lebensumstände - Entschlossene Durchsetzung verstandesbetonter Entscheidungen

Merkur-Uranus („3-9") zeigt die Erkenntnisse unsere Sinne und des Gehirns und Mars („6") bringt die Tatkraft der Durchsetzung dazu. Kommunikation und Handeln werden hier verbunden. Es entsteht ein außerordentlich starker Energiefluss, welcher sich in Entschlossenheit, Antriebswillen und außergewöhnlichen Energiereserven zeigt. Wissen („3-9") und Handeln („6") wird bei einem Trigon immer zur Umsetzung verwendet.

Zu lernen sind bei diesem Aspekt vor allen Dingen Geduld, Aufmerksamkeit und Zuhören. Auch der sexuelle Aspekt spielt hier keine unbedeutende Rolle, weil Spannungen zwischen Verstand und sexueller Triebkraft bestehen können. Dieser Mensch ergreift gerne selbst die Initiative. Es besteht das Bedürfnis, Verantwortung zu übernehmen und maßvoll zu handeln.

Fragen:

- Werden verstandesgemäß getroffene Entscheidungen von Ihnen maßvoll und gezielt durchgesetzt?
- Ergreifen Sie anhand Ihrer logischen Planungen Eigeninitiative?
- Können Sie logische Entscheidungen praktisch umsetzen?

(Bei Gespräch die Themen der Luftebene „3-9" einbeziehen!)

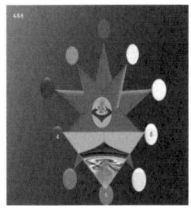

„4-8-6" Trigon (Musisches Trigon)
Sinnlich – ästhetisches musisches Dreieck

Keyword: „Ich vertraue meinen Inspirationen"

Genußtrigon - Sensitivität starkes Körpergefühl erlebt – sinnliches Potential für Sexualität und Musisches. Kreative, emotionale Durchsetzung in Beruf und Privatleben durch Verbindung von Gefühlen und Tatkraft

Mars („6") repräsentiert die Durchsetzung und Venus („8") die Werte, die wir schätzen, mit welchen wir uns gefühlsmäßig („4-8") und materiell („4/6") umgeben. Dem ästhetischen Aspekt des Lebens zugewandt, wird Besitz in Form von Materie und Wissen, das emotional vertreten wird, angesammelt. Man lebt das Leben wie es kommt, hat es nicht allzu eilig und lässt sich gerne und nach Möglichkeit oft, von den angenehmen Dingen des Lebens verwöhnen.

Das Zusammenspiel der beiden Kräfte lässt ein entsprechendes Maß an Proportion für Maß, Umwelt, Emotion, Sexualität und Handlung besteht.

Fragen:

- Können Sie Beruf und Privatleben kreativ und gefühlvoll gestalten?
- Nehmen Sie sich genügend Zeit, die schönen Dinge des Lebens aus zu leben?
-

(Bei Gespräch die Themen der Gefühlsebene „4-8" einbeziehen!)

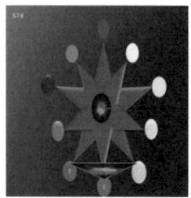

„5-6-7" Kraftpoltrigon (Materielles Trigon)
Vitalitäts- Dreieck

Keyword: „Ich bin die Kraft meiner Körperlichkeit"

Aktivität, Durchsetzung und Sexualität sollten über den Körper ausgeglichen werden. Dieses ist die Fortführung des vorhergehenden Trigons „4-8-6" im Sinne besonders sinnlicher Impulse für Sexualität, Körper und Beruf. Die Umsetzung materieller Wünsche, u. U. auch mit körperlicher Durchsetzung, Einsatz, steht im Vordergrund.

Die vitalen Lebensimpulse werden expansiv durch Sex, Sport, Beruf und in gesellschaftlichen Zusammenkünften ausgelebt. Es besteht ein allgemein interessiertes Verhältnis zu Liebe und Sexualität.

Der Betreffende genießt egoistisch und kann nur bei Vorhandensein anderer geistiger Aspekte auch den anderen verwöhnen. Zu lernen ist verantwortungsbewusstes Handeln und angemessenes Durchsetzen vitaler Bedürfnisse bzw. Impulse.

Fragen:

- Decken sich Ihre Grundbedürfnisse (Sex, Beruf, Familie) mit der Qualität Ihres Lebensstandards?

(Bei Gespräch die Themen der Erdebene „5-7" einbeziehen!)

Organische Probleme, die in den gezogenen Kabbalistischen Karten angesprochen werden

Symbol	somatisch	psychisch	soziologisch
Sonne (7)	Körper, Herz, Kreislauf	Vitalität, Freude, Stolz	Vater, Mann, Partner
Mond (0)	Lymphsystem, Gewebsflüssigkeit	Körperorientierte Empfindungen, Gefühlswelt, Emotionalität	Mutter, Frau Partnerin
Merkur (9)	Zentrales und peripheres, autonomes Nervensystem	Denken, Verstand, Intellekt, Sprache	Schüler, junge Menschen, Vermittler von Wissen, Bildung
Venus (8)	Drüsen- und Hormonsystem, Uterus, weibliche Keimdrüsen	Zärtlichkeit, Liebe, weiblich polarisierte Erotik und Sexualität	Das Kind, die Liebende, die Geliebte
Mars (6)	Muskelsystem, Hoden, männliche Keimdrüsen,	Wille, Arbeit, Leistung, männlich orientierte Erotik und Sexualität	Der Arbeitende, Werktätige, der Liebende, der Geliebte
Jupiter (5)	Stoffwechsel, Leber Verdauungssäfte, Galle, Bauchspeicheldrüse	Religion, Ethik, Recht, Extraversion	Vertreter von moralischem Recht und Gesetz
Saturn (4)	Knochen- und Skelettsystem, Knorpel, Verhärtung	Pflicht, Joch, Schicksal, Introversion	Autoritätsperson, Mutter, Erzieherin, Vertreter von dogmatischer Pflicht, Moral, Alter Neuerer,
Uranus (3)	Kleinhirn, Motorik, Reflexe, vegetatives Nervensystem	Individueller Lebensrhythmus, Anfang, Aufschwung, Initiative	Reformer, Techniker, Elektronik Revolutionär.
Neptun (2)	Hirnstamm, Weltverbundenheit Empathie	Phantasie, Intuition, persönliches Unbewusstes, Meditation	Der Träumer, der Idealist, der Phantast, der Mediale
Pluto (1)	Regenerationsfähigkeit	Transformationsprozesse, Kollektives Unbewusstes, Seelische Seins-Motivation	Massen, Gemeinschaft, Teamfähigkeit

Wichtige E R Z E N G EL und ihre Themen

METATRON:

dem Thron nahestehend - „König der Engel" genannt.

Aufgabe: Bindeglied zum Göttlichen, Hüter des spirituellen Körpers, des Scheitelchakras, des göttlichen Lichtes, Hüter unserer Wünsche.

MICHAEL:

„Wer ist wie Gott"

Aufgabe: Helfer und Beschützer, reinigt Menschen, Gruppen, Orte vor schädlichen Energien, bringt Mut, Erfolg, Hüter des Emotional- und Astralkörpers, des Karmas, des Stirn und Nabelchakras.

GABRIEL:

„Mensch und Gott" bedeutet „Kraft Gottes", für Erlösung und Freiheit von emotional belastenden Emotionen stehend.
Aufgabe: Verkündigung, Wiederauferstehung, Gnade, Wahrheit, Liebe ist seine große Macht; unterstützt bei Veränderungen.

RAPHAEL:

„Göttlicher Heiler" – Führer aller Heilungsengel, Luft- und Naturgeister;
Aufgabe: Erde und Mensch heilen, Förderer kreativer Talente, Hüter des Mentalkörpers und des Herzchakras.

URIEL:

„Feuer Gottes"
Aufgabe: Hüter des physischen Körpers, Manifestation, Umsetzung, Erfüllung, Kreativität, Hüter des Milz- und Wurzelchakras.

Die Zuordnung der Erzengel zur Kabbala und Aufgaben

METATHRON (Metatron)
"König der Engel"

„Sephira Kether" = Krone" heißt:

"DEINEM Thron nahestehend", "Gegenwart oder Angesicht GOTTES". Oberster Fürst der Erzengel, steht vor oder hinter dem Thron GOTTES.

Hüter des Göttlichen LICHTS, des Göttlichen Lebens, des „Vollkommenen Menschen" bzw. seines Göttlichen Selbstes (Seele).

Hüter des Wunscherfüllung, des „Spirituellen Bewusstseins", des Kronen-Chakras, das dem Menschen den „Willen" und die Absichten und Lernthemen Gottes kundtun bzw. bewusst machen möchte

Einsatz in folgenden Situationen:

- Bei Trennung von Gott, von der Einheit bzw., inneren Halt
- Zur Meditation
- Zur Verbindung des Seins und mit dem Wesenskern
- Zur Verbindung mit der allumfassenden Liebe Gottes

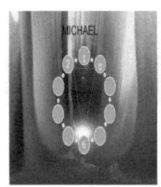

MICHAEL - „Helfer und Beschützer Gottes"

„Sephira Tipheret" = „Schönheit, Selbst"

"Der Stellvertreter GOTTES", "Einer, der wie GOTT ist". Er stellt den höchsten Kämpfer des LICHTS in der Geistigen Welt und der gesamten Schöpfung dar.

Mit dem flammenden Lichtstab oder einer Lanze als Symbol, kämpft er als Überwinder der Angst, hilft uns bei der Überwindung unserer Bedürftigkeiten und führt uns zur Selbstbefreiung.

Wie schon erwähnt, ist er der Hüter des **Elementes „FEUER"**, der Erlösung und Befreiung von belastenden Emotionen und Ängsten. Hüter des dritten Auges und des Sexualchakras.

Der Erzengel Michael ist die Personifizierung der Lebenskraft, und die Sonne stellt nun einmal in allen kulturellen Formen, ob männlich oder weiblich dargestellt, das kreative Prinzip dar.

Michaels Bild ist eine Kriegergestalt in goldenem Umhang und Gewand. Er hat bernsteinfarbenes Haar, das wie die Mähne eines Löwen von seiner Stirn herunterfällt. Seine Hände liegen auf dem Heft eines breiten Schwertes, das mit der Spitze nach unten vor ihm ruht.

Er kann auch in allen Angelegenheiten angerufen werden, die mit Beruf, Sport, den Finanzen, Bürokratie und der physischen Gesundheit verbunden sind.

Er gilt als der mächtigste Erzengel, dessen Name „Wer ist wie Gott" bedeutet (*abgeleitet aus dem hebräischen ‚Mikha-El')*.

Die Tarotkarte „Der Magier" kann ihm zugeordnet werden.

Erzengel Michael zeigt sich zumeist im feurig-roten Farbspektrum oder in roten Feuersäulen, mit flammen-dem oder brennendem Schwert, das eigentlich vom Ursprung eine Lanze darstellt, mit dem Michael den Drachen der Angst tötet, mit gelben Farbanteilen im Nabelchakra.

<u>Zugeordnete Farben sind:</u> Violett, Indigo, Rot-Orange, Gelb.

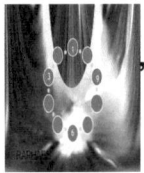

RAPHAEL - (Rafael) „Der Heiler Gottes"
„Herrscher" über Kommunikation und Austausch"

„Sephira Nezach" = Ewigkeit"- heißt: "Der Arzt GOTTES"

"Der Gott, der heilt" - ist Schirmherr der Menschen, die HEILUNG bewirken und helfen. Er vermittelt Heilung, ist Hüter der Ganzheit und körperlichen Unversehrtheit, der heilenden Gedanken.

Er ist der Hüter des **Elementes „LUFT"**, Hüter der Heilung, Hüter des Solarplexus.

Man kennt ihn auch als Götterbote Hermes oder Merkur!

Sein Name bedeutet „Gott heilt" oder „Heiler Gottes" und somit ist er der Engel des medizinischen Heilens, aber auch der Wissenschaft und des Wissens. Auf vielen Bildern ist er mit einer mit heilendem Balsam gefüllten Phiole dargestellt. Er begleitet den Menschen in schwierigen Zeiten und schützt Reisende und kranke Menschen. Er vertreibt Hoffnungslosigkeit und Mutlosigkeit. Er hat viel Sinn für Humor und ist ein amüsanter Begleiter und Führer auf dem Weg durchs Leben.

Raphael als junger Mann empfunden, gekleidet in das traditionelle Gewand eines mittelalterlichen Pilgerreisenden. Er trägt dabei einen gelben Umhang, einen breitkrempigen Hut mit einer Feder darauf (normalerweise von einer Elster, da dies sein heiliger Vogel sein soll), geflügelte Sandalen und einen Stab. Um diesen Stab winden sich zwei ineinander verschlungene Schlangen, was das bekannte Symbol für die Heilkunst ist.

Raphael kann für geistige Heilung, zwischenmenschliche Kommunikation, Sicherheit auf kurzen Reisen, alles was mit der Jugend zu tun hat, Bildungsfragen, Geschäftsverträge, Handelsangelegenheiten, Geschäftstüchtigkeit und schriftliche Dinge angerufen werden. Er kann außerdem helfen, verlorenen Besitz wieder zu finden oder gestohlene Güter aufzuspüren.

So wird er auch in der Tarotkarte gezeigt, die als „Die Liebenden" bekannt ist.

<u>Zugeordnete Farben sind:</u> Himmelblau, Grüntönen, Postgelb.

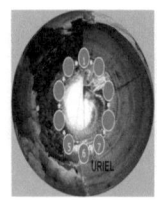

URIEL (Auriel oder Phanuel)
„Engel für Manifestation, Umsetzung und Erfüllung"

„Sephira Hod" = Herrlichkeit" - heißt:

"Das LICHT GOTTES", "Feuer GOTTES".

Wegweisung, inspiriert die Menschheit an Wendepunkten, leuchtet dem Suchenden seinen Weg in der Finsternis, Hüter des physischen Körpers, Hüter des **Elementes ERDE** zusammen mit Haniel, welcher zugleich in Netzach ist.

Er ist Hüter von Umsetzung, Manifestation und Erfüllung, Hüter der Kreativität, Hüter von Solarplexus- und Wurzelchakra. Er ist der eigentliche Hüter des physischen Körpers und Herrscher über die Venus.

Uriel ist dem **Element Erde** zugeordnet und gilt als der Engel, der den Menschen göttliche Geheimnisse offenbart.

Wenn man gefährdet ist, in Trübsinnigkeit oder Depression zu geraten, oder wenn materielle Schicksalsschläge das Leben verdunkelt haben, kann die Kraft Uriels sehr heilsam sein.

Er wird geschildert mit etwas dunklem Gesicht, aber braun gebrannt mit grünem Haar.

In den Händen trägt er eine braune Holzschale, mit dunkler Erde gefüllt.

Seine Schlüsselthemen sind:

Geld, materielle Fruchtbarkeit, Erdung, Handwerkliche Kreativität, Verantwortung, Körperliche Akzeptanz, Schwangerschaftsschutz.

Die Tarotkarte „Der Herrscher" ist ihm zugeordnet.

Als Hüter des **Elementes Erde** steht er für Umsetzung und Manifestation durch die Tat. Hüter der handwerklichen Kreativität u.a. Hüter des Milz- und Wurzelchakras.

<u>Zugeordnete Farben sind:</u>   Braun/Rostbraun/ Gelbbrauntöne

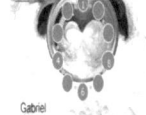

GABRIEL
„Herrscher über fließende Gefühlskräfte"

„Sephira Jesod" = Fundament, Ich-Bild" heißt:

"Der starke Mann GOTTES", "GOTTES-Stärke"

Er ist Verkünder des WORTES, des PLANS, Erlöser, Befreier, Freiheitsengel GOTTES, Hüter von Geburt, Tod und Auferstehung Er leitet die Empfängnis und führt die Seelen durch die Inkarnationen. Als Schutzherr der Familie, vermittelt er geistige Erkenntnisse und Erfindungen. Er hilft göttliche Symbole zu deuten.

E ist Hüter des **Elementes WASSER**, Hüter der Erlösung, der Befreiung, von belastenden Gefühlen und ihren Verstrickungen u.a. auch Hüter des Halschakras.

Auch ist er der Engel der Geburt und der Hoffnung.

Zu seiner Aufgabe gehört es, die ungeborenen Seelen der Kinder durch die Schwangerschaft bis zur Geburt zu geleiten.

Er wird auch oft mit einer weißen Lilie, dem Symbol der Reinheit und Spiritualität dargestellt. Gabriel ist außerdem der weiblichen inspirierend wirkenden Mondenergie zugeordnet.

Das archetypische Bild von Gabriel stellt ihn als einen reifen Mann mit langem weißem Haar dar, der eine silberne Krone trägt, auf der der geschwungene Halbmond des zunehmenden Mondes zur Schau gestellt wird. Er ist in einen silbernen oder perlmuttfarbenen Umhang gehüllt, der das Licht reflektiert.

Der lunare Engel ist für psychische Kräfte, Empfängnisförderung, leichte Geburten, Heilung von Frauenleiden, sichere Reisen auf dem Seeweg und in häuslichen Angelegenheiten zuständig.

Die Tarotkarte „Die Mässigung" ist ihm zugeordnet.

Zugeordnete Farben sind: Blauen Farbtönen, auch mondsilbrig.

TABELLE QUANTENDYNAMISCHER KARTEN

Die Karten können bei mir auch als Spielkartenset mit Chakrensymbolen und Zusatzkarten zur professionellen Einschwingung bestellt werden!

Die fünf kabbalistischen

Engelskarten

&

Mastercard

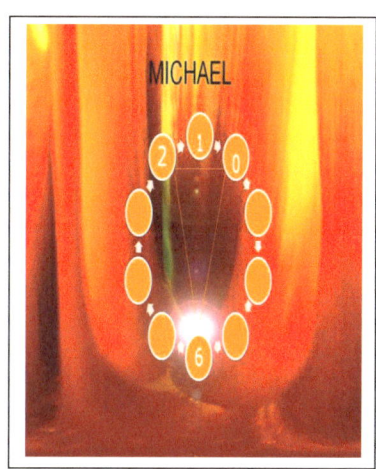

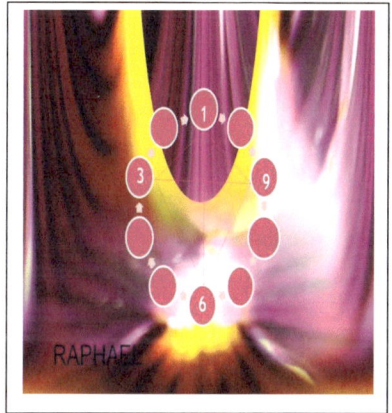

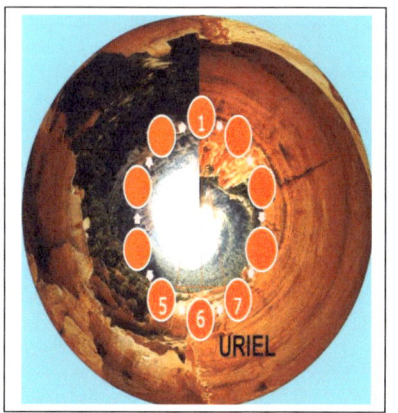

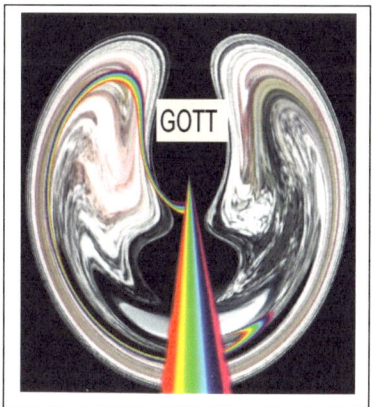

Die weiteren Symbolkarten

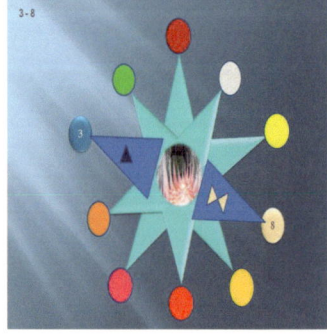

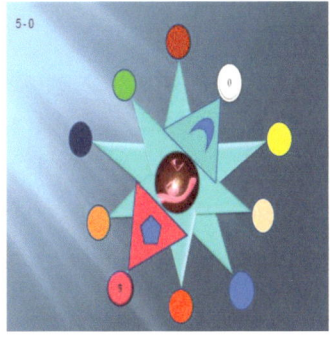

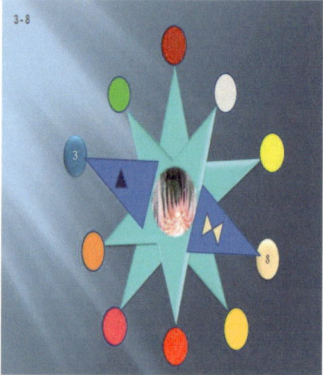

QUANTENKABBALISTISCHE PRAXIS

Die kabbalistische quantendynamische Sitzung

Dazu lassen wir den Klienten wir nach einem Anamnesevorgespräch, in dem er naturgemäß auch tief in seine emotionale Thematik einsteigen muss, diese also aktiviert ist, verdeckt das dementsprechende im vorhergehenden erörterten Quantensymbol aus dem Stapel der „Quantensymbolkarten mit ihren Keywords (Schlüsselbegriffen!) mit ihrer kraftvollen kabbalistischen Symbolik durch „Zufall" (Resonanzgesetz!) ziehen.

Auch wenn das Thema beim ersten Blick nicht dem Intellekt zugänglich ist, so bekommt der Klient sehr wohl gemäß dem Resonanzgesetz („Wie Innen, so Außen") einen aufdeckenden Blick in seine wirkliche tiefer verborgene Psychosomatik bzw. Leidensgeschichte!

Gemäß dem Gesetz der Resonanz ist es dann sein ganz spezielles kraftvolles harmonisierendes Quantenbildsymbol

1. Du bittest den Empfänger der Heilsamen Wirkung:

A. ...sich das Symbol (z.B. Kartenbild mit den gezogenen KEYWORDS genau an zu schauen (z.B. *Psychosomatikachse (2-7) oder Persönlichkeitsachse (3-8)* – Sich emotional darauf ein zu lassen.

– Die beschriebene Thematik der Karte zusammen reflektieren Frage, was es mit ihm macht, besprechen - einprägen bzw. ankern lassen mit dem Gefühl und Atem!

Dann loslassen, und sich die Karte geben lassen!

B. ...sich dann hinzulegen

- Dann ist es ratsam und effektiv die Verbindung zum Allumfassenden (Raum) direkt mit einer Hand über dem Scheitelchakra bzw. Scheitelpunkt (Verbindungspunkt zum Göttlichen allumfassenden bzw. achtes Chakra!) etwa 8-10 cm bzw. über dem Kopf/Scheitel zu halten.

- **oder ... sich hinzustellen**

Effektiv wäre die Verbindung wieder mit einer Hand mit der geöffneten Handfläche zum (Kopf~ des) Klienten über dem Scheitelchakra bzw. wenn nicht möglich wegen Größe des Klienten bequem im Raum am Rücken gegenüber des Solarplexus oder hinter dem Klienten wieder in der Nähe des Kopfes zu bewegen!

Sorge aber in diese Position dafür, dass dafür, dass hinter ihm eine Person, ein Stuhl/Sofa o. ä. steht, wenn ihn eine folgende Harmonisierungsreaktion, ähnlich einer Welle schwanken lässt!

2. Die Verbindung und den Kontakt mit dem Allumfassenden vertiefen!

Beginne damit, wenn der Klient steht, dass du in dem folgenden Anrufungsritual einfach im ungefähren rechten Winkel zum Klienten stehst, die Füße ebenso schulterbreit, die Knie locker und die Handflächen leicht nach oben gerichtet, eine Haltung, in der du offen und aufnahmebereit bist!

Weise den Klienten jetzt an, in die Ruhe und Stille zu gehen. Du weißt ja, der Atem schafft die Voraussetzung um in Kontakt zu treten, mit den psychischen, verwandeln und harmonisieren könnenden Energien des Allumfassenden.

(Wähle dabei eine ruhige, fließende Meditationsmusik, die dich und die beteiligten Personen in die Ruhe bringt.

Male dir als Therapeut aus, wie du in Licht badest, und dich über dieses, wie in einer Lichtkugel, mit dem Klienten verbindest. Atme und fühle dich ein.

Nimm vielleicht mit folgendem Ritual Kontakt auf mit dem Allumfassenden:

Gehe also erst weiter in deiner Sitzung, erst nach weitem und behutsamen „Hineinatmen" in dein/euer Innerstes.
(*als Zeichen der Offenheit die Handflächen dafür leicht öffnen!)*

Führe ihn in die Entspannung (Prinzip):

„Lausche in dich hinein. Lass los von all dem, was dich bisher beschäftigt hat. Lass los „Von all den Themen des Tages". Geh tief in dieses Loslassen von allen Vorstellungen, Meinungen, Absichten, Wünschen.

Lass los, von allem „ich möchte", „ich will - „Ich muss".

Gib dich ganz bewusst und voller Vertrauen der Ruhe hin, die da ist. Du spürst nur deinem Atem nach, dem Hin und Her der Atemluft gleich Ebbe und Flut. So kommst du der Ruhe, dem allumfassenden Frieden zum Greifen, nahe. Alles andere ist unwichtig und gleichgültig!

Über dein tiefes Atmen kannst du dich durch dein Vertrauen zur Heilung prägen lassen. Dein Atem ist diese tragende Energie, ist das Vertrauen. Immer wenn du atmest, so vertraust du.
Dann schlägst du eine Brücke zu dem dir unvorstellbaren Allumfassenden in dir, dem du vertraust.

Mit jedem Atemzug der deinen Geist, die Seele, dein Gemüt und deinen Körper verbindet, erkennst du, dass du mehr und mehr in die Lage versetzt wirst, das nicht Erkennbare zu erkennen, zu spüren, zu sehen, zu fühlen.

Atme dieses Vertrauen und gehe hinein in diese energetische Empfindung, wie sich für dich über den erlebbaren Vorgang deines Atmens Vertrauen anfühlt:

„Ich bin erfüllt von Vertrauen".

Atem ist Leben und tiefer Atem ist tiefes Leben. Atem ist ein Geschenk der Göttlichkeit, das du dankbar annimmst und dir dein Leben ermöglicht. Fühle dann diese aufkeimende Verbindung „Gott und nur Gott".

Der Klient ist nun in der Stille und offen!

5. Nun nimmst du die Karte mit dem kabbalistischen Quanten-symbolbild in die körperkontaktorientierte Hand und legst sie mit der Karte leicht berührend auf den Solarplexus bzw. auf das betreffende Chakra!

Sage zu ihm:

„Wenn du nun ganz still sitzt/stehst, richte deine Aufmerksamkeit auf die Mitte in deinen Solarplexus.

Aktiviere diesen durch ein weites Einatmen mit der Farbe „Gelb". Stell dir nun vor, dass dein Solarplexus mit dem Bild der gezogenen Problemlösungskarte in deinem Solarplexus verankert ist."

Damit hast du als Anker/Verbindungspunkte das Lösungsthema (Inhalt) und Form (Körperlichkeit) mit dem Symbolbild verbunden, was nun sich heilsam auswirken kann!

6. Nun bitte den Klienten, dass er noch einmal an sein Thema/ Problem denkt, und bittest ihn/sie um eine momentane, persönliche Einschätzung, wie intensiv das Thema, für ihn auf einer Skala von „1 – 10" ist. (1 = sehr gut - 10 = extrem negativ!)

7. Du gibst Deine Absicht, bzw. als Thema des Empfängers, das mit jeder Karte hier im Buch beschrieben/zugeordnet ist, als bereits gelöst" mit dem „Ich Bin"...z.B. die Ganzheitsachse („5-0")." im Anrufungs~/ Verbindungstext zum Allumfassenden (Raum) leise oder laut bzw. innerlich ab.
(Ein Ritual verstärkt den Kontakt immer, da Gedanke, Wort, Gefühl wenn in Gleichklang gekommen höchst wirksam werden!)

Großer Geist – Großes Licht,
Das was in mir ist.
Der Urgrund von allem, Das „All-Eine"
Der Atem der hinter allem Leben steht -
Der Geist, du „Quelle allen Seins"
Erhöre mich – Erfühle mich- Erfahre mich!
Großer Geist- Großes Licht
Aus Dir bin ich gekommen - Ich bin dein Sein.
Geheimnis in meinem Atem, der Brücke zu Dir-
Ich verbinde mich mir Dir über diese Brücke
zu empfangen den Segen für alle Zeit.
Ich atme dich in der Stille meines Seins mit meiner
Offenheit und Hingabe zu dir.
Gott und nur Gott, Licht und nur Licht in mir
Komme und trete aus mir hervor!

Du suggerierst Dir jetzt weiter laut oder leise, noch mehrmals den Satz:

Allgemein ohne nähere Ausführung:

„Ich bin" dieses Thema bzw. Kanal für den heilsamen Fluss der Heilerachse „2-7" oder „Dreieck der intuitiven Durchsetzung" (z.B. „2-0-6") für …. (Name des Klienten)"
Ich bin Kanal für Dich… (Name des Klienten) mit dem erlösten Thema: (Keywords eingeben) mit der Symbolkarte…z.B.."1-2-0"- „Spirituelles Trigon" in meiner Hand! (wie im Buch beschrieben!).

8. Dann gehst du in deinen Atem, in die Stille. Du denkst und sprichst innerlich in dem Moment:

„Das Thema ist bereits gelöst - Es ist vollbracht!

und defokussierst dann, d.h. du bleibst dann in der Absichtslosigkeit des Kanal-Seins – Die eine geöffnete Hand im Raum des Allumfassenden - die andere Hand mit dem Heilungssymbol, wenn möglich am effektivsten Kraftpunkt, dem Solarplexus!

„Ich bin der Kanal für die Heilung und es ist vollbracht!"

Die Augen sind dann in der folgenden Stille dabei entweder geschlossen oder absichtslos in den Raum/Ferne gerichtet!

Am effektivsten wird die Wirkung, wenn du dich dabei noch des **Meistersymbols!** bedienst, das du in der geöffneten Hand im Raum zusätzlich halten kannst!

Das verstärkt noch die Verbindung mit dem Allumfassenden, das durch dich fließen möchte!

Das Meistersymbol – die Gotteskarte, im Symbol erklärt:

Die Verbindungsymbolik mit dem Göttlichen!

"Am Anfang hat der \Wille des Königs Formen in den oberen Lichtkreis gezeichnet. Blendende Lohe löste sich los im Allerverborgensten aus dem Geheimnis des Unendlichen, wie ein Knötchen auf unterschiedsloser Masse, wie eingelassen in einen Ring, nicht weiß und nicht schwarz, nicht rot und nicht grün, überhaupt ohne jegliche Farbe. Als sie fadenartig sich ausdehnte, erzeugte sie Farben, um in sich zu leuchten. Innerhalb der Lohe löste sich ein Strahl, von dem die Farben ihr Spiel empfingen, nach unten los, verborgen im Verborgensten aus dem Geheimnis des Unendlichen; fast durchbrach er, ganz und gar unerkennbar seinen Luftkreis, so dass infolge der Gewalt des Durchbruchs ein verborgener höchster Punkt aufleuchtete. Hinter diesem Punkt ist jede Erkenntnis ausgeschlossen, und deshalb wird er Anfang genannt, das erste Urwort des Alls *"(Sohar I,15a)*

DAS GOTTESSYMBOL

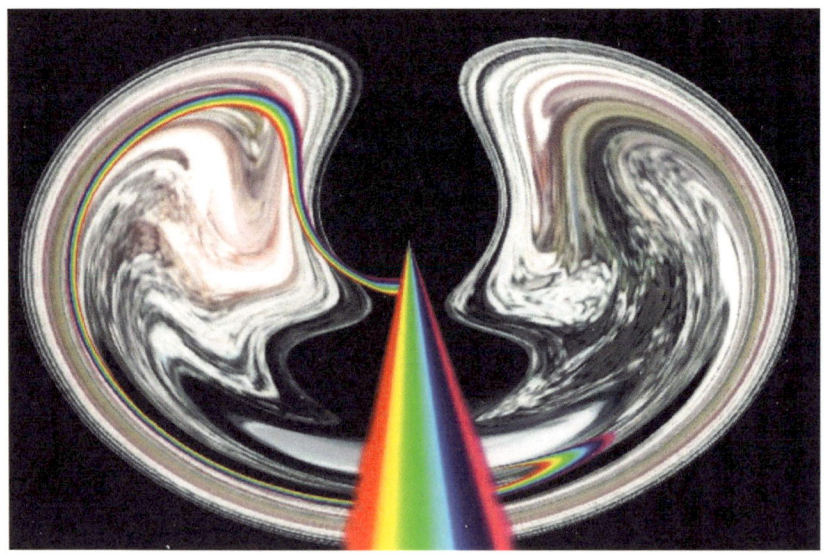

9. Jetzt kann ein "Ziehen", ein 'Druck"- ,,Warm/Kalt" - Gefühl oder ein ,,leichtes Kribbeln" heran branden bzw. einsetzen

Du wirst mehr und mehr spüren, wie sich eine Reaktion/,,Welle' (*damit ist jegliche Bewegung, Regung und/oder Reaktion gemeint, auch noch so unbedeutende, wie z.B. mehrmaliges Zucken, aber auch Schwanken, Weinen usw.*) aufbaut.

Wenn dies geschieht, lass los die Hand mit dem Symbol und lass die Welle spüren (*Auffangen, wenn Empfänger steht und zu kippen droht!*).

Du merkst wenn Sie vorüber ist dann beenden, langsam vom Klienten wegtreten, eventuell noch weiter das Bewusstsein halten, wenn nötig setzen lassen und Wasser, eine Decke, wenn fröstelt anbieten, aber meistens tritt eine massive Erleichterung beim Klienten ein!

Wenn nicht – dann Vorgang widerholen, bis der Klient sicher stehen bleibt!

Danach mit dem Klienten das „Dankesgebet" sprechen:

10. Abschließendes Heilungsgebet sprechen!
(*Beide Klient und Therapeut legen Hände vor das Herzzentrum und bedanken beim Allumfassenden!*)

„Allmächtiges Bewusstsein, Großer Geist in mir, Schöpfer allen Seins, Göttliches – „Ich danke – Wir danken"!

„Ich/Wir sind jetzt frei und es ist vollbracht.
Ich ruhe jetzt im Willen des allumfassenden Geistes.

Möge der goldene Regen des Segens, des Friedens und des Lichtes um meine Seele, Körper und mein Gemüt und um uns fließen und um die Welt, zum Ruhme des Allumfassenden bis zum Ende meiner/unserer Tage."

Sage dann:

„*Komme dann wieder in dein Alltagsbewusstsein und lasse es wirken!*"

Langsam den Klienten zurückkommen lassen/holen ins Tagesbewusstsein, Zeitlassen, bis er voll wieder seinen Körper spürt, seine Glieder bzw. spüren bewegen kann.

10. Jetzt wieder den Stand auf der Skala von 1 - 10 erfragen, eine weitere Behandlung bzw. Nachgespräch einleiten, was in ihm vorgegangen ist, welche Bilder, Sinneseindrücke, Botschaften gekommen sind!

11. Einiges löst sich sicherlich erst später – Daher den Klienten zur Selbstbeobachtung anleiten, Traumleben aufschreiben lassen oder was sonst in den nächsten Tagen so passiert mit Heilungs- bzw. Besserungsfortschritten!

Dieses Ritual kannst du nach deinem Gefühl, Intuition wiederholen, so oft du willst, aber ohne „Zwang, ohne Müssen und ohne Druck!
(Ritualisierung verstärkt immer Heilung!)

Zusammenfassende Hinweise

Alle Kartenmotive, Themen des Buches können für die Arbeit kopiert und als Farbkarten auf einen verstärkten Untergrund (z.B. Karton/ Plexiglasscheibe) aufgebracht oder beim mir als professionelles Spielkartenset bestellt werden. Natürlich kann als Kabbalistische Quantenheilung auch mit den Tarotkarten gearbeitet werden.

Der Autor führt schon seit Jahren Seminare und Kurse zum „Symboltherapeutischen Therapeuten", auch mit Tarotkarten durch, in denen die kabbalistischen Grundlagen von Persönlichkeitsanalysen – und psychosomatischen Gefährdungen gelehrt werden und das Verständnis für die Herleitung der hier veröffentlichten Symbolkarten vertieft behandelt wird.

Im Vorgespräch, Anamnese wo der Klient erst einmal tief in sein Leidensthema eintauchen soll, wird dann eine Karte als Keyword gezogen, das sein allumfassendes zugrundeliegendes Leidensthema darstellt, das zu den Karten beschrieben wird!

Die „Zufallsauswahl des Heilungssymbols/Themas erfolgt durch den Klienten in Konzentration und Ruhe aus dem umgedrehten gemischten Kartenset gemäß dem Resonanzgesetz:

„Gleiches zieht Gleiches an!"

Dabei soll er in sein Leidensthema noch einmal tief eintauchen!

Wichtig ist nur, dass der Therapeut bei der kabbalistischen Quantenheilung das Heilungsthema mit den beschriebenen Keywords wie als **„ERLÖST"** beschreiben, innerlich in den Raum stellt, während er mit der einen Hand den Kontakt im Raum mit dem Allumfassenden und möglichst mit dem Meistersymbol hält und mit der anderen das Symbol entweder auf das beschriebene Kraftzentrum Solarplexus legt. (Andere Kraftzentren u.a. Chakren oder an „erkrankten/verletzten" Stellen sind intuitiv natürlich möglich!)

Abschließende Betrachtungen über Symbole

Ein Symbol kann wie folgt definiert werden:

„Etwas, das für eine Person, ein Ding, eine Vorstellung oder ein Gefühl steht. Ein bildhaftes verdichtetes Zeichen für einen Begriff oder einen Vorgang, oft ohne kausal, aber analogen, erkennbaren Zusammenhang mit diesem."

Bildsymbole tragen verdichtete Gefühle verfestigten Bewusstseins in sich. Oft kann ein Symbol sehr mächtig sein wegen der Bedeutung, die ihm beigemessen wird. Das Symbol wird mächtig.

Die Leere, aus der es vor ihrem inneren Bildschirm auftauchte sowie das, aus dem es besteht, gehört aber genauso zum Inhalt, ist ebenso zu beachten, wie das, was sich manifestiert.

Bei der auftauchenden Imagination aus dem Inneren kommt es darauf an, dass sie mit dem auftauchenden Bild beginnen. Greifen sie mit ihrem Intellekt nicht ein, oder versuchen sie nicht das Bild, Symbol in irgendeine Form zu zwingen. Betrachten sie das Bild, wie es sich zu entfalten oder zu verändern beginnt, welche Wandlungen sich spontan einstellen. Der Phantasie muss freisetzenden Spielraum gelassen werden, frei von Normen oder Überzeugungen.

Jedes seelische Bild wird sich früher oder später spontan um-gestalten, aufgrund der auftauchenden Assoziationen, die zu „laufen" beginnen. Halten sie aber wenn möglich, an dem von ihnen gewählten ersten Bild aus der „Leere" fest, und warten sie, bis es sich von selbst umgestaltet.

Es gilt alle Wandlungen zu beobachten, und dann aus einer Stabilität des stehenden Bildes „quasi hineinzugehen. Dann kommt auch meistens eine Figur mit begleitendem Film hervor, die spricht, dann tragen sie ihre Fragen vor und hören, vom Verstand unzensiert, was das Symbol oder die Figur zu sagen hat und fühlen sie sich tief darin ein.

Sie stehen dann tatsächlich vor der Weisheit des Unbewussten, das eine harmonische Veränderung mit Bewusstseinseinsichten schenkt.

Wissen um die Überlebenschancen und der wirklich innere Wunsch nach Genesung bestimmen die therapeutische Interaktion. Wenn für den Patienten ungünstige Voraussetzungen herrschen, muss eben konsequenter gearbeitet werden, bis das Innere bereit ist, sich den Bildern und Gefühlen für die wirkliche Heilung zu öffnen.

Es hat aber wenig Sinn, wenn der Klient/ Patient mehr oder minder unbewusst gar keine Heilung anstrebt, da er

A: Einen Krankheitsgewinn daraus zieht.
B. Sein Unbewusstes aus transpersonalen Gründen die Krankheit als einen notwendigen Entwicklungsschritt für das „Erfahrungsprogramm" des Individuums beinhaltet.
C. Wenn der Patient einfach dazu noch nicht bereit ist, wie Jesus dies im Gleichnis vom Sämann (NT:13, 1,1-9) eindringlich klar-macht:

„ ... *Ein Sämann ging aufs Feld, um zu säen. Als er säte fiel ein Teil der Körner auf den Weg,.... Ein anderer Teil fiel auf felsigen Boden, wo es nur wenig Erde gab, und ging sofort auf, als aber die Sonne hochstieg, wurde die Saat versengt und verdorrte, weil sie keine Wurzeln hatte. Wieder ein anderer Teil fiel in die Dornen, und die Dornen wuchsen und erstickten die Saat..."*

Das letztere symbolisiert wohl den Patienten, der so starke emotionale Blockaden und behindernde Programme im Unterbewusstsein trägt, dass keine Psychotherapie bzw. Medizin „durchdringen" kann. Es bedarf vielmehr der Konfrontation mit Schicksalsverdichtungen/~schlägen, bis die Katastrophe, sprich grundsätzliche Wende zur heilenden Einsicht und zum persönlichen Wachstum führt.

Dann erst wird auch „Innere Heilungsarbeit" möglich sein!

Heute stehen wir vor der Aufgabe, die alte (und neue) Weltsicht über Imagination und Symbole wieder kennen lernen zu dürfen und uns ihrer Blick- und Vorgehensweise zu öffnen, um wirkliche Heilung zu erreichen. Gerade auch im Extremfall einer Geisteskrankheit, kann z.B. der Ansatz zur Heilung darin bestehen, den Klienten dazu zu bringen, diese einfach loszulassen und dem Unbewussten die Entscheidungsfreiheit zurückzugeben, wie und über welche Symbole es Heilung „einläuten" möchte. Die einführende Methode, das völlig entspannte Liegen bei gleichzeitiger wacher Bewusstheit und das Arbeiten mit auftauchenden Affekten und Bildern könnte man als die einfachste und wirksamste aller mentalen Therapien betrachten.

Wir erkennen dabei vielleicht wieder die mächtigen heilträchtigen Bildsymbole als Spiegel bzw. Tempelschlafhilfe unseres seelischen Geschehens, die uns Aufschluss über die Gefühle, Kräfte und Entwicklungen und Sinnhaftigkeiten in unserem Leben verschaffen, die oft unserem Alltagsbewusstsein nicht mehr zugänglich sind. Diese bestimmen aber unser Leben in entscheidender Weise.

Zur tiefenpsychologischen Arbeit, die also immer eine symboltherapeutische Arbeit sein muss, gehört das Erkennen von auftauchenden „Urbildgrundmustern" hinter dem Verhalten, in Phantasien und Träumen von Menschen, ihre Bewusstmachung und weitere Entwicklung zu Mustern, die eine heilende Ganzheit ausdrücken.

Heilung und seelische Entwicklung finden durch Erkenntnis dieser komplexen vielgestaltigen Symbolmuster statt, die im „Katathymen Bilderleben", als moderne Form des Tempelschlafs, reichhaltige Heilungsmöglichkeiten von psychischen und physischen Störungen bieten.

Über die symboltherapeutische Arbeit werden oft einzelne, zu den „beschädigten oder vergewaltigten" bzw. verdrängten, aber dem Bewusstsein zugehörigen Gefühle, Bilder oder Erinnerungen in Symbolform freigesetzt.

Als entsprechende Träger psychischer Energie sind sie dann über das Tagesbewusstsein für die Heilung durch Visualisationsrituale wieder einsetzbar.
Der Schwerpunkt bei der symboltherapeutischen Arbeit liegt dabei neben der heilbringenden Wirkung von korrespondierenden Symbolen auch bei der mentalen Bearbeitung bzw. Integration von körperlichen Krankheiten. Sie hilft diese „eingefrorenen Gefühlsbildblockaden" aufzulösen.

Somit ist der Heiler, der Arzt in unserem Inneren das weiseste und beste Mittel auf der ganzen Welt. Wir müssen nur über Symbole mit ihm Kontakt aufnehmen. Die symboltherapeutische Arbeit in den hier geschilderten Zusammenhängen erfordert ein Umdenken in den angewendeten Konzepten und die Entwicklung eines neuen Vertrauens in diese Gesetzmäßigkeiten.
Das Denken in mechanistischen Kategorien und Sachzwängen, in schulmedizinischen Krankheitsbegriffen und – Abläufen, in Theorien von Erregern und Ansteckungen, von Chemie und Substanz ist uns so in Fleisch und Blut übergegangen, dass es dauern kann, bis wir uns wieder auf eine von kraftvollen Symbolen beherrschten ganzheitliche Welt- und Therapievorstellung wirklich einlassen können.

Das wichtigste Prinzip ganzheitlicher Heilung dabei ist, dass wir wieder der hermetischen Ordnung der Daseinsebenen folgen und davon ausgehen, dass die stoffliche Struktur immer dem Fluss einer symbolhaft und bildhaften, mit gefühlsbeladen psychischen Energie folgt.

Oft genug wird jedoch die Möglichkeit der Genesung von einer schweren Krankheit über die Imaginationstherapie heruntergespielt.

Grob geschätzt bessert sich nach meiner Erfahrung der Zustand bei einem Drittel aller Patienten mit Krebs, rheumatischer Arthritis, Magengeschwüren, Asthma und selbst schizophrenen Symptomen.

Meistens bekommen die Ärzte gar nicht mit, wie kranke Menschen wesentliche Schritte zur Heilung oder Erleichterung ihrer Krankheiten bei modernen Selenführern mit ihrer „Inneren Bildarbeit" finden, die über die Imaginationen den mystischen, bildhaften Kräften des Unbewussten wirksamen Eingang in ihr Leben ermöglichten.

Besonders aufschlussreich sind dabei die Details der eigentlichen Heilung:

Wie man sie spürt, welche Empfindungen, Gedanken oder Verhaltensweisen den Heilprozess mit den Inneren Heilungsbildern begleiteten oder über „Innere Kindarbeit" ihnen vorausgingen.

Meine Patienten wussten mir nach Heilungssitzungen mit ihren Hausaufgaben faszinierendes darüber zu berichten.

Zumeist hatten diese Dinge mit einer besonderen späteren geistigen erweiterten konstruktiven Verfassung für ihr Leben zu tun, die Imaginationsverfahren hervorriefen gepaart mit wundersamen Lebensveränderungen!

Erzählungen von Patienten über ihre symbolischen Themen der Krankheit, Misslichkeiten und Beschreibungen ihrer Vorstellungsarbeit enthalten meistens mehr Informationen über das Kranksein als darüber, wie sie gesund wurden oder wie es ihnen gelang, am Leben zu bleiben.

Gesundheit stellt sich als ein direktes Resultat ein, wenn wir unser Gefühl einer harmonischen Beziehung mit dem Unbewussten in uns durch seine aktive Transformation seiner eigenen Werte und Absichten in unser Leben fließen lassen.

„ Symbole und Innere Bilder " als primärer Leitfaden des Lebens?

Symbole und Innere Bilder sind Antriebskräfte zur Gestaltung des Lebens. Symbole der Psyche sind Urphänomene, die sich in Sinnbildern mit antreibender Kraft darstellen.

Sie haben Mittlerfunktion zwischen der Inneren und Äußeren Welt!

Innere Bilder zeigen uns auch die Ursachen, die uns an unserer Entfaltung hindern und treiben uns an – gestalten und versöhnen – lösen blockierende Muster – Führen zur bisherigen verbogenen Freiheit und erzeugen erfüllende Resonanzen aus der Umwelt!

Sie begeistern für den Geist, der das Leben gestalten will!
Ein Körper, der zu wenig bewegt und gefordert wird, erschlaffter und wird krank.
Ein Geist, , der zu wenig bewegt wird, wird lustlos, initiativlos, frustriert.
Der Geist ist die Mutter der Freiheit – Er ist der Wind (Hebräisch: Wind = Lehrer!), der uns bewegt
Er ist intentional, d.h. Er richtet sich auf Werte und Ziele bzw. Einstellungen aus, für die er im Lebensnetz leben will.

Er gibt im Gegensatz zur Ohnmacht hohen „Mut" - d.h. nicht nur Objekt innerer und äußerer Bedrängnis zu sein. Mut gibt das Gefühl, Schwierigkeiten begegnen zu können.- die Fähigkeit, sich durch Angst hindurch zu glauben, sich so zu entfalten, das man sich gegen einengende Lebensumstände und krankmachendes Leben erheben kann.

Mut lässt dich auf dich selbst besinnen, dass man kraftvoller ist, als man denkt , mit sinngebenden Werten und gefühlsmässig aufbauenden Bildern vor Augen, für die man leben und sich entfalten will .

ES macht lebendiger, für die innere be- „geist"- ernde Wirklichkeit.

Sie richten sich auf deine ureigenen inneren Ziele aus, lassen dich erschaffen und erfahren aus seinem Sinngefühl für sich selbst und für die Resonanz von Verbundenheit aus der äußeren Welt.

Je mehr du dich selbst findest, desto mehr glaubst du wirklich an dich – Innere Bilder helfen Dir!

Die Suche nach dem „Großen Geist"

Die Realität eines Traumgeschehens ebenso wie Phantasien sind ebenso gültig wie die Handlungen in wachbewusster Erfahrung. Besonders „Tagträume" mit hoch gefühlsmäßigen Inhalten aus der Seele haben unfehlbar Auswirkungen auf unser Leben und Gesundheit.

Sie können uns in unserer Gesundheit bestärken oder uns in depressivere Stimmungen versetzen bzw. uns noch in leidvollere Situationsdarstellungen unseres Lebens verstricken.

Es gibt jedoch Methoden, Traumarbeit über Symbole sinnvoll einzusetzen, um uns in Resonanz mit freudvolleren Lebenssituationen zu bringen.

Seit Urzeiten schon wussten die Menschen, wie wichtig Träume und phantasievolle Vorstellungskraft als Schlüssel und Wegweiser für die erlebte Realität sind. Heutzutage wissen wir, dass träumen lebenswichtig ist:

Es hält uns im körperlichen und seelischen Gleichgewicht!

Symbol- bzw. Imaginationstherapeuten, als moderne Seelenführer versuchen anhand ihnen geschilderter Traumerlebnisse und künstlich erzeugten Phantasiereisen den entsprechenden Heilsymbolen auf den Tiefen der Psyche wieder auf den Grund zu kommen.

Durch die Verwendung dieser Symbole kann der Symboltherapeut in einem meditativen Prozess wieder rückwirkend psychische und physische Heilprozesse initiieren. Ganzheitlich arbeitende Ärzte sprechen von „diagnoseweisenden" (Tag)-Träumen.

Doch nur wenige Menschen wissen, wie man „Tagträume" auch kreativ nutzen kann:

Natürlich, um die Gesundheit zu verbessern und die Vitalität zu steigern, um inspirative Ideen und intuitive Einsichten zu wecken, um Probleme zu lösen, zwischenmenschliche Beziehungen zu bereichern, kurzum:

Imagination und Symbole können dem Menschen helfen mit dem Wirken aus ihrem „Sein" eine neue harmonischer empfundene Realität zu kreieren.

So wie jeder Mensch bis zu einem gewissen Grade von seiner körperlich - materiellen Umwelt geprägt wird, so kann er auch durch aktive selbst erzeugte „Tagträume" oder mit den geschilderten Symbolen erzeugten Heilbildern aus dem psychischen Inneren eine andere Lebensrealität selbst hervorbringen, erschaffen bzw. bewirken.

Das ist die Magie, nach der Menschen seit jeher suchen, nämlich, die Gestaltung des Lebens aus dem Bewusstsein heraus.

Die Gesetzmäßigkeiten sind hierzu in den „Hermetischen Gesetzen" zu finden. So alt, aber nicht neu:

„Wenn du dich änderst, dann ändert sich die Welt"
„Wie innen, so außen, wie oben so unten".

So ist es möglich durch intensive aktive Traumkonstruktionen Probleme zu lösen und zu harmonisieren. Oft werden auf dieser Ebene der Erfahrung die Lösungen von Problemen, die im aktiven äußeren Handeln als unauflösliche Blockaden empfunden werden, ermöglicht.

Wenn Menschen in der Lage sind, emotional hoch ansprechende intensive Tagträume zu kreieren, bzw. diese über „seelenkontaktfördernde" Symbole aus sich heraustreten zu lassen, erschaffen sie damit die ersehnte und damit heilende Bild- und Gefühlsqualität, dann tritt eine heilende „Er"-lösung gemäß dem hermetischen Resonanzgesetz „Wie innen, so außen" - mehr und mehr in das Leben des Menschen hinein.

So ist auch die Steuerung eines aktiven imaginativen Traumgeschehens über eine, mit Gefühlen beladenen Vorstellungskraft eine hervorragende Methode selbst hervorgerufener Heilung.

Jedoch haben Träume und Bildvorstellungen destruktiven Inhalts, so wie auch alltägliche Befürchtungsenergien und die damit verbundenen Ängste, die Tendenz, die negativen Aspekte der Persönlichkeit oder der Krankheit hervorzuheben. Sie führen leicht dazu, einen schon schlechten Gesundheitszustand zu verstärken.

Wir leben meist oft immer mit den empfundenen Vorstellungsbildern von Befürchtungen bzw. Krankheitsbildern, anstatt gesunde Vorstellungsbilder zu imaginieren bzw. sich, wie in diesem Buch geschildert, hochwirksam schenken zu lassen.

Hoch emotionale aufbauende Erwartungen im Vorstellungstraum haben jedoch die Tendenz sich zu erfüllen und so eine Änderung einer als beschränkt empfundenen Lebenssituation zum Besseren hin zu bewirken.

Ein Handeln im aktiven Traum ist aber nicht als Ersatz für im Leben unterbliebenes Handeln zu sehen. Vielmehr geht es darum, die sich dann im Äußeren darstellenden, harmonischeren Wahlmöglichkeiten, durch aktives Tun zu gestalten.

So ist jeder mehr oder minder unbewusst der Erschaffer und Schöpfer seines Lebens.

So gesehen bewirken Menschen durch aktive mentale „Psychohygiene" in deinen Vorstellungen ein erfüllendes und gesund machendes Handeln in ihren Lebenssituationen, die dann mehr und mehr in Fluss kommen:

Traumwirklichkeiten werden dann mehr und mehr zur greifbaren Realität.

Jeder aktive gezielte Tagtraum als psychotherapeutische Intervention nimmt seinen Ursprung aus der innerseelischen psychischen Energie, mit der ein Träumer ein nichtstoffliches Geschehen in die gegenständliche Wirklichkeit transformiert.

Der Imaginations- bzw. Trauminhalt selbst wird als Symbol existent und mit diesen Symbolen kann heilend gearbeitet werden!

Eine hohe Erfüllungserwartung bzw. emotionale Intensität, angereichert mit ansprechenden Symbolen, die eminente Bedeutung für Kranke haben, „projiziert" den Trauminhalt gleichzeitig als treibende Gesundheitskraft in den Körper und verleiht ihm überdies empfundenen Expansionsraum im Außen.

Vielleicht kann auch wieder ein Zugang zu dem gewonnen werden, was Göttlichkeit als Religio (Rückbindung im Sinne des „Erkenne dich selbst!") und sinnhaftes Leben bedeutet, und dass diese trans-personalen Themen sehr praktisch und in nachvollziehbarer Weise das persönliche Leben begleiten und verändern kann.

Obwohl es unendlich viele und verschiedene Ansätze für die Arbeit mit der aktiven Imagination gibt, hoffe ich, eine genügende Anzahl gebracht zu haben, um dem Leser den einzigartigen individuellen Charakter einer jeden zu zeigen.

Ich möchte aber ganz klar betonen, dass es weder ein Rezept noch eine allgemeinverständliche Methode als starre Regel gibt, sie zu praktizieren. Jeder Therapeut muss hier seinen eigenen Zugang und sein eigenes Konzept aus dem geschilderten grundsätzlichen Vorgehen kreieren.

Das Ziel bleibt in jedem Fall dasselbe:

Den Kontakt mit dem Unbewussten herzustellen und die unendlich weise Führung kennen zu lernen, die in jedem von uns lebt, die aber so wenige in die Realität umsetzen können.

Besonders unverfälscht finden sich archetypische Symbole in der Vorstellungswelt, der von uns unterschätzen mythologischen Welt von Ureinwohner auf der ganzen Welt. Diese verlassen sich meist nur auf ihre inneren unbewussten Eingebungen und Träume. Sie lehren, dass die Seele des Menschen nichts anderes sei als ein innerer Gefährte, den sie als „mein Freund" oder als „Krafttier oder „Großer Geist" bezeichnen. Er wohnt im Herzen des einzelnen und ist unsterblich. Diejenigen welche vertrauensvoll auf ihre Träume eingehen und ihren verborgenen Sinn zu deuten versuchen und dessen Wahrheit ausprobieren, können in eine tiefere Verbindung mit dem „Großen Geist" treten. Er begünstigt solche Leute und schickt ihnen mehr und bessere Träume. Neben dieser Hauptverpflichtung des Individuums, den Anweisungen seiner Bilder zu folgen, besteht eine weitere Pflicht, vielleicht die Träume auch durch Kunstdarstellung zu verewigen. Lüge und Betrug verscheuchen den „Großen Geist " im Innern, während Großzügigkeit, Nächstenliebe und Verbundenheit mit der Schöpfung ihn anziehen.

Die Beschäftigung mit dem Unbewussten, dem „Großen Geist" in uns wirft ein hochinteressantes Licht auf unsere eingefleischte christliche Einstellung zur Moral. Offensichtlich müssen wir jetzt ganz sein, so wie wir es wirklich sind, sogar wenn wir vor das Jüngste Gericht treten. Wir können dem Gegensatz des Bösen nicht entfliehen, sondern müssen die Spannung zwischen „Gut und Böse" - von den übrigen Gegensätzen ganz zu schweigen - bis ans Ende erleiden.

Diese Auffassung richtet sich gegen alles, was wir gelernt haben. Wir glauben bis ins Mark, dass Gott uns gut haben will und wir das Böse, das ja eigentlich blockierte und ungewandelte Kraft darstellt, unterdrücken müssen. Deshalb ist es das Schwerste von der Welt zu erkennen, dass Gott nicht, dass wir die Spannung zwischen Gut und Böse aushalten.

Wir sehen deutlich, wie unmöglich es für das Tagesbewusstsein ist, die Gegensätze zu vereinigen; nur das Innerste der Seele kann das tun, wenn die Menschen die richtige Teilhabe mit einem undogmatischen offenen Geist daran hat.

In diesem Sinne ist „Aktive Imagination" der einzige Weg direkter, bewusster Begegnung mit dem Unbewussten, dem „Großen Geist " in uns. Sie ist ein Weg zur Ganzheit. Man lernt über Symboliken, aus dem Unbewussten Bilder aufsteigen zu lassen, bis es sich beginnt, weiter zu entwickeln. Dann tritt der Imaginierende selbst in die Handlung ein und kann seine Heilungsarbeit selbst initiieren.

Im offenen Dialog zwischen dem „Ich" mit und seinen inneren Bild/ Figuren und Symbolen, in denen sich das Unbewusste über seine Bildwerke (Seele, Selbst) manifestiert, werden deren Inhalte im Bewusstsein integriert. Wie geschildert kann dieser Dialog auch mit dem exoterischen Mittel der Spiegelung („Wie innen, so außen") von divinatorischen Systemen geleistet werden, ist aber nicht so wirksam, wie die innere Konfrontation mit energiegeladenen archetypischen Kräften in uns selbst.

Auf diese Weise können Schwierigkeiten in der eigenen Psyche und damit in der Lebensführung überwunden werden, Heilung und Erweiterung der Persönlichkeit werden möglich.

Literaturverzeichnis:

A. Richardson:	Einführung in die mystische Kabbala - Sphinx
C. G. Jung:	Mensch und Seele - Walter
C. G. Jung:	Der Mensch und seine Symbole - Walter
C. G. Jung:	Grundwerk in sieben Bänden- Walter
Kast Verena:	Die Dynamik der Symbole -Walter
J. Jacobi:	Die Psychologie v, C.G. Jung -Rascher
A. Jaffe:	C.G. Jung – Biographie -Walter
Eliphas Levi:	Einweihungsbriefe
H.D. Leuenberger:	Der Baum des Lebens- Schirner Verlag
HRSG: Voltmedia:	Die Kabbala
Die Bibel:	Altes und Neues Testament
J. Jacobi:	Die Psychologie v, C.G. Jung - Rascher
A. Jaffe:	C.G. Jung – Biographie - Walter
Genius Verlag:	Das Thomasevangelium
Axel Englert:	Engelwerkstatt - BOD
Der Sohar:	Judaika - Diederichs (35)
C. G. Jung:	Von den Wurzeln des Bewusstseins - Rascher
L. Goldschmidt:	Sepher Jesirah – Aurinia Verlag
W.A. Cook:	Die Schriftrollen von Qumran - Pattloch
Renate Anraths:	Tarot – Simon + Leutner

AXel Englert
Supervision & Psychologische Beratung
Schulstraße 4
63867 Johannesberg
Telefon: 06021- 48 55 2
mental-x.de
www.mentalix@aol.com

Axel Englert, geboren 1956 in Aschaffenburg

Nach vielen Jahren Managementtätigkeit in der Industrie erfolgte 1991 die Hinwendung zur archetypischen Psychologie von C.G. Jung und der Psychosynthese von Assagioli.

Seit 1993 - Selbständige Tätigkeit als Trainer für Supervision, Sinn- und Konfliktmanagement, Ziel- und Teamfindungsseminare, Mentaltraining, sowie Persönlichkeitstrainings.

Nach einer Ausbildung zum psychologischen Heilpraktiker mit Praktikumserfahrung in einer psychiatrischen Klinik und als HUNA- Praktiker war der nächste Schritt die Führung einer ganzheitlichen supportiv - direktiv ausgerichteten psychologischen Lebensberatungspraxis ergänzt mit Gesprächsführung nach Rogers. Unterstützt wird diese Praxis durch Studium und Anwendung der psychologischen- astrologischen Beratung auf der Basis der Huber-Koch Schule und speziell mit einer weiterentwickelten therapeutischen Kabbalistischen Numerologie bzw. Pentalogie, die der Autor in Ausbildungskursen in Verknüpfung mit der Analytischen Psychologie C. G. Jungs durchführt.

Mit seinen Büchern möchte der Autor auf heilende und lebensverändernde Kraft der inneren archetypischen Bilder und Symboliken hinweisen, die erst einmal freigesetzt, große psychische Energien in zu verändernde oder transformierende Lebenssituationen fließen lassen.

Bücherauswahl

"Chillen mit Gott"

Mit diesem Buch möchte der Autor auf die heilende und lebensverändernde Kraft der inneren Seelenbilder und Symboliken hinweisen, die erst einmal freigesetzt, große psychische Energien in zu verändernde oder transformierende Lebenssituationen fließen lassen.

"Heilsymbole der Bewusstwerdung"

Mantren sind energiegeladene Worte und Symbole einer bestimmten psychischen Energie. Es sind Symbolbilder, die es ermöglichen psychische Energien für körperliche und seelische Heilungen in Fluss zu bringen. Dieses Buch erhellt die Zusammenhänge zwischen Chakren und Mantren und unterstützt mit praktischen und bewährten Übungen die ausführlichen und verständlichen Zusammenhänge.

„Sterntaler Magie"

Es handelt sich um die modernisierte Legende von König Midas, in der ein habgieriger Manager über ein spirituelles Sterntalerritual Heilung und wirklichen Seelenfrieden findet. Es will Menschen ein wenig Licht sein, für einen erfüllenden Weg und gerade Sinnfragen des Lebens verdeutlichen.

„Merlin lebt!"

Dieses Buch will Therapeuten die Kraft symbolhafter und mythischer Vorstellungen, Träume und Rituale als heilende Quelle hervor zu heben. Es sollen die Grundlagen der Methoden erläutert werden, wie der Arzt, Psychologe und der Klient gleichermaßen sich helfen können die Harmonie zwischen Körper und Seele wieder herzustellen.

„Moderne Geistheilung mit Bild und Zahl"

Dieses Buch liefert Praxiseinblicke in das Wirken von "Seelenatomen" im Menschen, wo sie sich als antreibende Kraft auf ganz bestimmte Weise ausdrücken und darstellen wollen. Auf dem Hintergrund des "Hermetischen Weltbildes" gewürdigt, können Beratungsinstrumente, wie Tarot, Numerologie, Astrologie, komplexe Lebenssituationen und somatische Hintergründe in ihrer Sinnhaftigkeit objektiv erfassen und Menschen in heilsamer therapeutischer Anwendung helfen, emotionale Blockaden und belastende Muster zu harmonisieren

„Quantenkabbala" "Quantentherapie mit KABBALISTISCHEN SYMBOLEN"

In diesem Buch wird eine noch nie dagewesene Neuheit in der modernen Qantenheilung vorgestellt. Es werden in anschaulichen Quantenheilungsbildern die ideale Verknüpfung zwischen Tarotbildern, Zahlenkabbalistik, Heilung mit Zahlen und kabbalistischen Pentagrammsymbolen aufgezeigt. Ein Gewinn für jede ganzheitliche Therapie!

„ Seelen Cookies"   „Spirituelle Einsichten ins Leben"

Es ist ein Buch, das dich als Mensch motiviert, sich selbst besser in der „Selbst"-Findung zu begegnen. Es soll anregen sich selbst in seinen Situation zu hinterfragen und Einstellungen zu überdenken, begleitet von der uralten Weisheit: *„Wenn ich mich ändere, ändert sich die Welt!"*